CULTURA VISUAL
IMAGENS NA MODERNIDADE

COMITÊ EDITORIAL DE LINGUAGEM
Anna Christina Bentes
Cláudia Lemos Vóvio
Edwiges Maria Morato
Maria Cecília P. Souza-e-Silva
Sandoval Nonato Gomes-Santos
Sebastião Carlos Leite Gonçalves

CONSELHO EDITORIAL DE LINGUAGEM
Adair Bonini (UFSC)
Arnaldo Cortina (UNESP – Araraquara)
Heliana Ribeiro de Mello (UFMG)
Heronides Melo Moura (UFSC)
Ingedore Grünfeld Villaça Koch – *In memoriam* (UNICAMP)
Luiz Carlos Travaglia (UFU)
Maria da Conceição A. de Paiva (UFRJ)
Maria das Graças Soares Rodrigues (UFRN)
Maria Eduarda Giering (UNISINOS)
Maria Helena de Moura Neves (UPM/UNESP – Araraquara)
Mariângela Rios de Oliveira (UFF)
Marli Quadros Leite (USP)
Mônica Magalhães Cavalcante (UFC)
Regina Célia Fernandes Cruz (UFPA)

Iara Lis Schiavinatto
Erika Zerwes

CULTURA VISUAL
IMAGENS NA MODERNIDADE

1ª edição 2018

CORTEZ EDITORA

Capa e projeto gráfico: aeroestúdio
Preparação de original: Nair Kayo
Revisão: Elizabeth Matar
Composição: aeroestúdio
Coordenação editorial: Danilo A. Q. Morales

Dados Internacionais de Catalogação na Publicação (CIP)
(Câmara Brasileira do Livro, SP, Brasil)

Schiavinatto, Iara Lins
   Cultura visual : imagens na modernidade / Iara Lis Schiavinatto, Erika Zerwes. – São Paulo : Cortez, 2018. – (Coleção trabalhando com... na escola)

   Bibliografia.
   ISBN 978-85-249-2703-4

   1. Cinema – Linguagem 2. Cinema na educação 3. Cultura visual 4. Educação – Métodos 6. Fotografias I. Zerwes, Erika. II. Título. III. Série.

18-20427   CDD-370.19

Índices para catálogo sistemático:
1. Cultura visual no ambiente escolar : Sociologia educacional : Educação   370.19

Nenhuma parte desta obra pode ser reproduzida
ou duplicada sem autorização expressa dos autores ou do editor.

© 2018 by Autores

Direitos para esta edição
CORTEZ EDITORA
R. Monte Alegre, 1074 – Perdizes
05014-001 – São Paulo – SP
Tel.: (55 11) 3864-0111 Fax: (55 11) 3864-4290
Site: www.cortezeditora.com.br
E-mail: cortez@cortezeditora.com.br

Impresso no Brasil – novembro de 2018

Este livro deve muito aos estudantes da disciplina de Cultura Moderna & Imagem da Unicamp, que ajudaram a pensar e rever suas formulações. Agradecimento especial a Alexandre Nakahara, Gustavo Forti Leitão, Lucas Okasawara, Caetano Tola Biasi, Maíra Martinez, Douglas Lambert, Enric Llagostera, Ana Araki, Thiago Zygband, Rodrigo Faustino dos Santos e Mateus Pavan.

SUMÁRIO

Apresentação 11

Introdução. Cultura visual: alguns sentidos das imagens 15

I. Imagem e sua natureza histórica 15

II. Cultura visual: campo de estudo interdisciplinar 24

1. A fotografia e o olhar moderno 31

I. As primeiras experiências fotográficas 31

II. Autorretratos 33

III. Os primeiros daguerreótipos 34

IV. O processo de industrialização da fotografia 36

V. Os protocolos da imagem fotográfica: poses e adornos 43

VI. A massificação da fotografia 47

VII. O lugar da máquina fotográfica dado pela Garota Kodak 48

Atividades didáticas 54

    1. Projeto interdisciplinar 54

    2. Os protocolos do retrato fotográfico 58

    3. Análise de texto e pesquisa no acervo familiar 61

2. A cultura visual e a modernidade 65
I. A cidade e a máquina 65
II. O exótico e o selvagem 71
III. O discurso do selvagem e do científico na fotografia 74
IV. Cartões-postais 78
V. Os cartões e as imagens que funcionam como símbolos de reconhecimento e alteridade 80
VI. A imagem técnica e os eventos históricos 82

Atividades didáticas 88
    1. Interpretação de imagem e texto 88
    2. Cartões-postais: pesquisa, interpretação e criação 90
    3. As imagens técnicas e os eventos históricos 91

3. *Primeiro cinema*: magia e imagem 97
I. O *primeiro cinema* 97
II. Atualidades e linearização da narrativa 105
III. Entre a magia e o legado: Georges Méliès 110
IV. Imagem e memória do *primeiro cinema* 118
V. O diretor-montador e o filme-memória 120
VI. Entre a narrativa e a linguagem cinematográfica 122

Atividades didáticas 124
    1. Pesquisa e apresentação sobre as técnicas do pré-cinema 124
    2. Análise de filme – os modos de fazer o *primeiro cinema* 125
    3. As primeiras experiências na sala de cinema 127
    4. Entendendo o conceito de montagem no cinema 128
    5. Entendendo a linguagem cinematográfica a partir da montagem 129

4. As imagens entre imagens 131
I. As aberturas de *Os Simpsons* 131
II. A obra de Banksy 136
Atividades didáticas: Projetos temáticos 144
    1. *Os Simpsons* e as imagens entre imagens 144
    2. Banksy e a sociedade de consumo 145
    3. O curta *Malária* e os estudantes entre *imagens entre imagens* 149

Referências 155
Coleção Trabalhando com... na escola 157

APRESENTAÇÃO

O livro *Cultura visual: imagens na modernidade*, de autoria de Iara Lis Schiavinatto e Erika Zerwes, inaugura um momento especial da coleção *Trabalhando com... na escola*. Ele é a primeira – de muitas outras obras que virão a compor essa coleção – que parte de uma outra perspectiva, a histórica, para o tratamento de um outro sistema semiótico que não a linguagem verbal: a imagem.

Logo no início do livro, as autoras explicam que as imagens não se constituem em um objeto naturalmente dado, não sendo captação direta ou o espelhamento de algo que aconteceu, um reflexo da história. Ao contrário, pelo fato de os sentidos das imagens variarem historicamente, elas ajudam a construir a história e a dar sentido à experiência social.

Assim, o livro busca compreender a imagem a partir da perspectiva da cultura visual, que trata a imagem como fonte documental preciosa, mas que não se esgota em si mesma porque ela é necessariamente colocada na relação com outras imagens e com outros elementos, com "um conjunto ampliado e correlato de fontes e de circuitos visuais". Nesse sentido, a imagem é compreendida não de forma isolada, mas a partir de um "conjunto de práticas que a produz, que a percebe, e que a consome ou recepciona". As autoras estão, assim, interessadas em "marcar a emergência da imagem indicial e sua radical diferença enquanto experiência individual e coletiva, tratando de assinalar, pontualmente, as formas pelas quais passa a constituir o próprio real".

A obra é estruturada por uma introdução e por quatro capítulos e apresenta modos de ver e de olhar, suas linguagens, a evolução dos recursos técnicos que possibilitam novas visualidades, a relação desses modos de ver e de olhar com a memória e com a história, as relações entre as diferentes linguagens visuais e verbais. Tudo isso é mostrado ao leitor como se ele estivesse fazendo um passeio histórico, guiado pelas autoras, pelo tema, pelos recursos técnicos e científicos de cada temporalidade, temporalidade esta que vai sendo sutil e precisamente demarcada e remarcada.

O passeio começa no início do século XIX e as autoras cumprem o que prometeram: tratar das imagens e da visualidade delas decorrente a partir do estabelecimento de relações com outras imagens, com outras fontes, com outras interpretações. Esse diálogo constante pode ser mesmo observado pela riqueza de imagens e de referências a textos, livros, filmes que vão construindo o conhecimento histórico sobre as diferentes imagens e linguagens sob escrutínio cuidadoso e perspicaz das autoras.

O livro é muito rico, cheio de informações e de relações que serão extremamente úteis aos professores de História, mas também aos professores de outras áreas, especialmente os de Língua Portuguesa, dado que estes têm que necessariamente lidar com as complexas e múltiplas relações entre linguagem verbal e visual, tema tratado de forma densa, delicada e consistente ao longo de todo este trabalho.

Algumas discussões empreendidas ao longo da obra chamaram nossa atenção. Uma delas diz respeito ao uso frequente da fotografia, desde sua fundação, para retratar a si mesmo ou outras pessoas. Para as autoras, esse tipo de imagem "agenciou saberes específicos das sociedades em que foi usado e promoveu uma hierarquização significativa do olhar e das gentes". O percurso das autoras mostra que a fotografia rapidamente transformou-se em um negócio lucrativo. Criou-se a profissão de fotógrafo, um discurso didático sobre a linguagem fotográfica (os manuais de fotografia) e a adaptação dos corpos (do fotógrafo e do fotografado) aos protocolos técnicos da máquina de fotografia. Salientemos, por fim, que ao longo da obra as autoras concebem a imagem fotográfica enquanto um processo lento e quase artesanal, em um primeiro momento, passando a vê-la como resultado de processos de industrialização até chegar à massificação da fotografia, ocorrida nos últimos anos do século XIX.

No decorrer da obra, as autoras vão também discutindo como a imagem tem uma vocação para a sociedade de massas:

> A imagem indicial resulta de uma produção técnica que apresenta uma vocação para a seriação das imagens, como se vê no fotográfico e no cinema. Desde seu nascimento, a imagem tem relação com as demandas de uma sociedade industrial em contínua expansão. Ela é direcionada para a sociedade de massas, que pode ou não se fundar numa vida democrática.

Uma outra discussão interessante levada a cabo pelas autoras é a que diz respeito ao fato de que o desenvolvimento da fotografia a transformou em um instrumento de conhecimento científico do mundo. Nesse sentido, as autoras afirmam:

> A crença na infalível atestação de realidade da fotografia foi utilizada em diversos campos, desde as tipologias forenses e catalogações policiais até os estudos e denúncias sobre a má qualidade de vida das classes pobres. O valor de verdade da imagem indicial traria revelações que o olho nu não seria capaz de perceber, ao mesmo tempo em que atestaria uma realidade: se está fotografado, é porque existe, e não se pode mais ignorar.

Todas essas mudanças pelas quais passa o mundo social a partir do advento da modernidade, especialmente considerando o fenômeno da reprodutibilidade técnica, permitem a emergência do primeiro cinema, interessado em "mostrar algo, buscando chamar a atenção do espectador". Segundo as autoras, as imagens na tela eram em si um acontecimento. Esse primeiro cinema promovia um encantamento e criava para o sujeito social uma nova percepção de si mesmo e do mundo perto e distante:

> O cronista carioca João do Rio compreendeu as transformações citadinas e dos modos de ver de sua época. Dizia no livro significativamente intitulado *Cinematographo*, de 1911, que a vida seria uma *cinematografia colossal* na qual *cada homem tem no crânio um cinematógrafo de que o operador é a imaginação* e onde *basta fechar os olhos e as fitas correm no cortical com uma velocidade inacreditável*. Ele flagrou a mudança radical da estrutura perceptiva do homem com a nova sensação da velocidade

do trem e de aceleração do tempo em função da ideologia do progresso em voga, com o movimento das imagens que se empenhavam em duplicar o real, em meio ao intenso processo de urbanização e reordenação da geografia social do Rio de Janeiro, então capital do Brasil.

Há muitos outros aspectos tematizados na obra dos quais não tratamos nessa apresentação justamente para que os leitores possam acompanhar, a cada capítulo, os trajetos traçados para as imagens fixas e em movimento selecionadas pelas autoras.

É também importante destacar que a obra resulta da experiência das autoras em cursos de graduação, de pós-graduação e de formação continuada para professores que se ocuparam do tema. Por isso, ao final de cada capítulo, os leitores poderão encontrar sugestões de como trabalhar com alunos, especialmente de Ensino Médio, os temas e os objetos tratados.

Para finalizar esta apresentação, é preciso dizer que o passeio histórico que as autoras proporcionam aos leitores sempre contempla o estabelecimento de relações com o presente, mais particularmente, com os usos que os sujeitos sociais fazem hoje das imagens fixas e em movimento, com destaque para o último capítulo, a partir do qual temos contato com as críticas produzidas por Banksy sobre a indústria cultural.

Nesse sentido, a obra nos ajuda a compreender a emergência e o desenvolvimento das imagens fixas e em movimento a partir da observação de sua historicidade e de seus usos, tendo sido estes últimos sempre distribuídos de forma desigual, como bem mostram as autoras ao longo de todo o livro.

Esta obra é um presente para todos aqueles que buscam compreender melhor as muitas facetas das linguagens criadas pelo homem no contexto da modernidade. Terminamos, então, essa apresentação, com uma formulação das autoras sobre a natureza da imagem: ela "resultaria de um elaborado e sintético projeto que se converte numa intervenção visível marcada pela discussão do poder das imagens".

Anna Christina Bentes
Sandoval Nonato Gomes-Santos
Coordenadores da Coleção *Trabalhando com... na escola*
Maio de 2018

INTRODUÇÃO
Cultura visual: alguns sentidos das imagens

I. Imagem e sua natureza histórica

No mundo bizantino e no mundo cristão da Idade Média, uma relíquia era considerada pelos fiéis como parte do próprio santo. Entre o santo e a relíquia não haveria uma distinção, pois aludiria diretamente a seu corpo e a sua santidade, que ali transpiraria. Uma relíquia – que poderia ser a mão, o braço, o fio de cabelo, o coração, o corpo inteiro, o cajado, a cruz, o espinho, o Santo Sudário (Figura 1) – era entendida como o próprio santo em pessoa em toda sua grandeza.

Hoje olhamos para muitas dessas relíquias entendendo-as como imagens. Essa diferença já indica que as imagens em suas materialidades não significam as mesmas coisas sempre. Hoje olhamos para a relíquia como imagem referente ao santo, mas não como objeto a corporificá-lo. Vivemos assim num regime de visualidade diferente daquele que regia esse universo cristão medieval.

Essa noção de que os sentidos das imagens variam historicamente é fundamental, sendo ponto de partida deste livro, que busca discutir aspectos da cultura visual e suas intrínsecas relações com a vida moderna a partir do início do século XIX.

A imagem é construída historicamente. Ela não é um objeto naturalmente dado. Antes, é filha da cultura e da experiência social. As imagens, em cada tempo e local, auxiliam na constituição dos caminhos

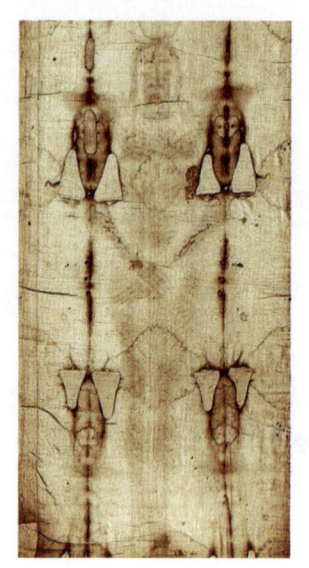

Figura 1. Santo Sudário de Turim. Na imagem do Santo Sudário, hoje guardado na Catedral de Turim, há a ideia da presença de Cristo crucificado na figura decalcada no linho. É como se víssemos o próprio corpo de Cristo, elemento capital da simbologia cristã, encarnado na Eucaristia que evoca para sempre o corpo e o sangue de Cristo.
Fonte: Butko. <http://en.wikipedia.org/wiki/File:Shroudofturin1.jpg>.

pelos quais o processo do ver se torna visível e concreto. Nesse sentido, as imagens não são apenas uma captação direta ou espelhamento de algo que aconteceu, um reflexo da história. Longe disso, ajudam a construí-la e a dar nuances para o vivido. Assim, a noção de cultura visual não fica somente no interior da imagem. Ela também a coloca em lugar privilegiado, em relação com outras imagens e elementos. A cultura visual encontra na imagem uma fonte documental preciosa e fundamental. Porém, nela não se esgota.

A cultura visual demanda, na análise, que se indague, pouco a pouco e cada vez mais, os protocolos discursivos das imagens, ou seja, os modos com que as imagens "falam", produzem um discurso, suas tramas narrativas, seus preceitos tecnológicos, suas especificidades materiais, seus usos e suas condições de durabilidade recombinados com seus processos de (re)significação e (re)apropriação, que garantem sua longevidade, e/ou com aqueles que levam à sua hibernação, ao seu encolhimento, seu desaparecimento, seu esquecimento definitivo ou potencialmente temporário. Dessa maneira, a imagem está no âmago da cultura visual. Isso impõe ao estudioso que fique diante da imagem, observando-a diligente e pacientemente.

A cultura visual, entretanto, não limita seu interesse à imagem isolada, mas se volta também para o conjunto de práticas que a produz, que a percebe e que a consome e/ou recepciona. Ela pressupõe um conjunto ampliado e correlato de fontes e de circuitos visuais que não se esgotam na imagem. Para ajudar a entender essa abordagem teórica e metodológica, pode-se aludir ao surgimento do **fotográfico** no século XIX e sua rápida expansão na Europa e nas Américas. Note as imagens a seguir de D. Pedro II (1825-1891), imperador que utilizou, como poucos, no Oitocentos, a fotografia para estabelecer boa parte de sua *persona* pública e de sua memória política (Figura 2).

→ Usamos o termo **fotográfico** para designar a materialidade da imagem fotográfica, bem como o conjunto de práticas e ações que a compõem: não só a fotografia como objeto, mas também os processos técnicos, as escolhas estéticas, e a própria linguagem imagética na qual se comunica a imagem fotográfica.

Figura 2. Retrato de Princesa Isabel e D. Pedro II, feito por Joaquim Insley Pacheco c. 1870. Fonte: Lago, Pedro Correa do. Coleção Princesa Isabel: Fotografia do século XIX. Capivara, 2008. A foto posada sinaliza a relação entre D. Pedro II e sua herdeira, assunto fundamental na transmissão de poder de tradição monárquica. A imagem substancia os bons modos e a adequação de ambos ao mundo burguês do século XIX.

D. Pedro II aparece em seu retrato mortuário (Figura 3) em uma pose sólida, que passa a imagem de dignidade e de importância. Não por acaso, ela ecoa a majestade dos monumentos fúnebres dedicados aos reis medievais, como se vê na Figura 4. D. Pedro II fica imortalizado com sua barba branca, sóbrio, distinto e elegante mesmo depois de morto. Pode-se supor um corpo a ser pranteado, digno, que morre com a consciência tranquila junto com seu tempo que passou. Até certo ponto, o fotográfico aqui empresta a soleni-

Figura 3. Retrato fúnebre de D. Pedro II, realizado pelo fotógrafo francês Félix Nadar em 1891. D. Pedro II morreu em Paris, e Nadar realizou este retrato oficial, em que D. Pedro aparece com uniforme de Marechal do Exército, a cabeça apoiada sobre um livro, e um tecido esticado funcionando como fundo. Fonte: *De volta a luz: fotografias nunca vistas do Imperador*. São Paulo: Banco Santos; Rio de Janeiro: Fundação Biblioteca Nacional, 2003.
Figura 4. Efígie de Sir John de Birmingham, de finais do século XIV, em seu túmulo na igreja de St. Martin. Fonte: JimmyGuano. <https://commons.wikimedia.org/wiki/File:Effigy_of_John_de_Birmingham.jpg>.

dade dos monumentos fúnebres dos reis e a atribui a D. Pedro II. Isto é, uma imagem (de estátua fúnebre) conversa com outra imagem (retrato fotográfico) de modos variados e tece relações entre si.

Junto com a fotografia surge uma série variada de tipos de fotografia a serem tiradas. Hoje algumas causam certo estranhamento, como a fotografia mortuária nos moldes do retrato de D. Pedro II (Figura 3). No capítulo 1, veremos que, entre os tipos de imagens fotográficas, estabeleceu-se a importância do retrato e da pose, uma prática disseminada no Ocidente, que exigia do fotografado uma disciplina do corpo e dos gestos no intuito de indicar seu caráter e lugar social.

Também veremos que nasceu aí um novo espaço do estúdio, com grande entrada de luz, que poderia ser uma claraboia ou uma janela lateral (como o Estúdio de Nadar, na Figura 5), e investiu-se na fotografia feita ao ar livre, inclusive nas ruas. Essa prática ao ar livre remete às técnicas e aos equipamentos fotográficos criados em várias partes do mundo, que dependiam muito, até meados da década de 1880, do clima e da química utilizada e fomentavam uma disputa técnica e por prestígio entre os fotógrafos.

Em simultâneo, disseminaram-se a escrita, a edição e a publicação dos manuais de fotografia (Figura 6), o que formou, pela primeira vez, uma cultura impressa a detalhar o fazer fotográfico. Além do estabelecimento e da expansão de um novo circuito das imagens, o fotográfico proporcionou a ampliação do mundo visível, porque gerou um novo repertório de imagens, seja sobre o mundo colonial, seja sobre o universo científico. Logo, a imagem fotográfica molda-se, no século XIX, num jogo de relações sociais, técnicas e econômicas.

As Figuras 6, 7 e 8 apresentam o fotógrafo na figura de um homem com seus equipamentos, às vezes contando com um ajudante. Destaca-se a sua câmera, de tamanhos vários. Este novo sujeito social podia estar em um estúdio, realizando um retrato, como na capa do manual publicado no Brasil na década de 1890, ou então posando ao lado de seu equipamento, como no retrato de Otto Hees, realizado em seu estúdio em Petrópolis. Podia também estar ao ar livre, como no desenho francês da década de 1870.

Figura 5. Estúdio parisiense do fotógrafo Nadar, década de 1860. Conhecido como "palácio de cristal", era um prédio luxuoso, que tinha a fachada de vidro, para deixar entrar a luz, e sua assinatura em vermelho como letreiro. Ali trabalhavam cinquenta pessoas, e seu interior era ricamente adornado de objetos de arte. Fonte: Paris, Bibliothèque Nationale de France, Département des Estampes et de la photographie. <http://commons.wikimedia.org/wiki/File:Nadar_atelier.jpg>.

É possível ver, no conjunto de práticas exemplificadas por estas imagens (Figuras 6 a 8), o circuito de produção, distribuição e circulação das fotografias e dos seus modos de representação. Elas também deixam entrever a recepção das primeiras gerações de imagem fotográfica em diferentes contextos sociais e as sociabilidades envolvidas nessas práticas fotográficas. Para conhecermos melhor essa experiência fotográfica, é preciso indicar também o surgimento de um novo sujeito social chamado fotógrafo, e as formas de produção e publicização (Figuras 7 e 8) desse sujeito social.

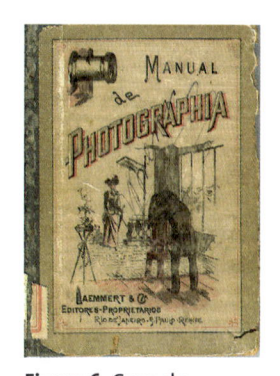

Figura 6. Capa do *Manual de photographia*. Primeiro manual editado no Brasil em 1896. Rio de Janeiro: Laemmert e Cia. Editora, 1896.

Embora possamos apreciar cada uma das fotografias acima isoladamente, esse conjunto de imagens adquire mais sentido porque discutimos suas práticas, sua produção, circulação, difusão, e a definição do próprio ato de fotografar em caricaturas. Essa visão das imagens em conjunto acaba por revelar o surgimento de uma nova cartela de sujeitos sociais: como dissemos, aparece o fotógrafo e, por consequência, também o fotografado. Isso é fundamental se prestarmos atenção ao mundo contemporâneo, onde todos nos tornamos fotógrafos instantâneos ao longo do dia, fazendo uma série de registros importantes ou não com uma série de objetos individualizados – os celulares, por exemplo – e, assim, geramos continuamente arquivos visuais disparados no mundo digital.

A importância do retrato fotográfico surgido no século XIX sofreu uma nova explosão na virada do século XX para o XXI através da tecnologia digital, barateando a produção e a circulação da

Figura 7. O fotógrafo Otto Hees em seu estúdio, em Petrópolis. s/d. Acervo particular Regina Rodrigues Hees. Reproduzido em *Dicionário histórico-fotográfico brasileiro*, de Boris Kossoy. São Paulo: IMS, 2002.
Figura 8. A fotografia nas viagens de exploração. Reproduzido em *Les merveilles de la photographie*, de Gaston Tissandier. Paris: Hachette, 1874.

→ O historiador da arte alemão Erwin Panofsky define o termo iconografia como: "o ramo da história da arte que trata do tema ou mensagem das obras de arte em contraposição à sua forma". *Significado nas artes visuais*. São Paulo: Perspectiva, 1976. p. 47.

imagem fotográfica, o que a banaliza no cotidiano e a torna um objeto de desejo de cada um que pode ser partilhado.

No curta *Poses do 21*[1] (2007), as realizadoras Bárbara Crepaldi e Cyntia Ueda localizam uma iconografia bastante comum e volumosa dos retratos feitos maciçamente por jovens e por eles disponibilizados na internet. Esses retratos implicam a difusão e o consumo das imagens nas redes sociais, caracterizados, em geral, pelo volume de gestos de curtir e de compartilhamento de tais imagens. Em *Poses do 21*, nota-se a importância dos adereços nos jovens (câmera digital, óculos escuros e bonés); a frequência das fotografias feitas no ambiente doméstico (quarto, banheiro, quintal); o destaque do espelho ao fundo ou na frente; as

[1] Disponível em:<https://www.youtube.com/watch?v=OSDj3tXOlvE>. Acesso em: 28 set. 2018.

poses das adolescentes que investem na cabeleira, ao passo que os rapazes exibem o dorso nu. Em síntese, o curta realça o hábito do autorretrato e as novas poses marcadas por "caras e bocas", na linha de editoriais das revistas, desfiles ou blogs de moda.

O curta indica o ciclo completo da produção, circulação e consumo dessas imagens, pois flagra o ato fotográfico do autorretrato, indica que foi capturado de uma rede social, no caso o Orkut, e realizado para ali ser visto e divulgado. Esse é um processo importante no estudo da cultura visual: perceber, entender e descrever esse ciclo das imagens – produção, circulação e consumo –, que ajuda a denotar a existência dessas imagens, seus sentidos e valores. Em contraponto, no caso desse curta, pode-se supor o processo de distinção e exclusão do adolescente que não se autorretrata. Além disso, à luz dos retratos – tão distantes – de D. Pedro II ou das *Poses do 21*, descobre-se o quanto a imagem contribui para a noção de si do sujeito e do outro. Dessa maneira, tem-se que a cultura visual diz respeito ao desejo, aos processos de subjetivação e de alteridades.

Para reforçar e ampliar ainda algumas questões metodológicas, vale recorrer ao importante artigo "Fontes visuais, cultura visual, História visual. Balanço provisório, propostas cautelares", de Ulpiano Bezerra de Meneses, publicado na *Revista Brasileira de História*, em 2003. De início, o autor indica que as imagens surgem no interior de uma problemática histórica e que se referem à sociedade e não apenas a si mesmas. Logo, é crucial enunciar a problemática histórica em jogo. No caso do vídeo *Poses do 21*, poderíamos enunciá-la no sentido de como os jovens usam suas câmeras digitais. Ou no sentido de nos questionarmos sobre qual fotografia é essa feita por jovens. A partir dessa problemática, da pergunta que se abre, inclusive, para o que se deseja saber, as imagens se colocam como fontes visuais. A escolha da problemática histórica de pesquisa define as fontes visuais e outras relacionadas intrinsecamente a essa problemática. A preocupação de Ulpiano Bezerra de Meneses é estudar o regime visual sob a ótica da dinâmica da transformação da sociedade, privilegiando as mudanças e o regime de veracidade lá tecido. O autor tem aberto no Brasil o caminho do estudo, para os historiadores, da dimensão visual socialmente elaborada do real. Para ele, é necessário definir a unidade, o lugar de articulação e o eixo de desenvolvimento de uma problemática histórica da pesquisa centrada na imagem, que pode explorar os seguintes vetores – baseados no pressuposto de que são conceitos operatórios para indagar e entender os sentidos das imagens na história:

    a) o **visual**, que engloba a "iconosfera" e os sistemas de comunicação visual, os ambientes visuais, a produção/circulação/consumo/ação dos recursos e produtos visuais, as instituições visuais etc.;

    b) o **visível**, que diz respeito à esfera do poder, aos sistemas de controle, à "ditadura do olho", ao ver/ser visto e ao dar-se/não-se-dar a ver, aos objetos de observação e às prescrições sociais e culturais de ostentação e invisibilidade etc.;

    c) a **visão**, os instrumentos e técnicas de observação, os papéis do observador, os modelos e modalidades do "olhar". (Ulpiano T. Bezerra de Meneses. Fontes visuais, cultura visual, História visual. Balanço provisório, propostas cautelares. *Revista Brasileira de História*, São Paulo, v. 23, n. 45, p. 11-36, 2003. Disponível em: <http://www.scielo.br/pdf/rbh/v23n45/16519.pdf>.)

II. Cultura visual: campo de estudo interdisciplinar

O campo da cultura visual é recente. Ele se consolidou a partir dos anos 1980-1990 com um forte teor interdisciplinar, na medida em que:

- se pensa como um campo historicamente constituído, moldado pelas linguagens e suas especificidades;
- trabalha com um consciente entendimento antropológico do mundo e das relações humanas;
- entende a visualidade enquanto parte constitutiva de nossa realidade que remete à educação visual elaborada socialmente.

Entre as décadas de 1970-1990, vários autores, tais como John Berger, Stuart Hall, Michael Baxandall, Svetlana Alpers, Rosalind Krauss, W. J. T. Mitchell, Jonathan Crary, Janet Murray, Margaret Dikovistskaya,

Martin Jay, Jacques Aumont, Chris Jenks, Nicholas Mirzoeff, Ulpiano Bezerra de Meneses, entre outros, interrogaram-se sobre o estatuto da imagem, enquanto se expandia uma noção generalizada da importância da dimensão visual na sociedade, principalmente diante da avassaladora entrada e transformação que a cultura das mídias e a cultura digital promoveram.

A cultura visual pareceu ser intrínseca à condição moderna. Em retrospecto, sobretudo a partir do século XIX, pareceu necessário também compreender mais o nascimento da imagem indicial – fixa e em movimento. A imagem indicial resulta de uma produção técnica que apresenta uma vocação para a seriação das imagens, como se vê no fotográfico e no cinema. Desde seu nascimento, tem relação com as demandas de uma sociedade industrial em contínua expansão. Ela é direcionada para a sociedade de massas, que pode ou não se fundar numa vida democrática.

Neste livro, pretendemos discutir o aparecimento da imagem indicial e de seu regime visual, principalmente no Ocidente, entre 1830-1910. Nos próximos quatro capítulos discutiremos sobre algumas relações entre a cultura visual e a vida moderna como a conhecemos a partir do século XIX. Interessa-nos marcar a emergência da imagem indicial e sua radical diferença enquanto experiência individual e coletiva, tratando de assinalar, pontualmente, as formas pelas quais passa a constituir o próprio real.

No capítulo 1 falaremos sobre a emergência dessa imagem indicial em sua condição fixa, ou seja, a imagem fotográfica desde suas primeiras

→ A natureza físico-química da imagem fotográfica permitiu captar aspectos do real, tornando a imagem que resulta deste processo indicial, porque ela atesta algo existente no real. Em outras palavras, a luz imprime na imagem uma forma que partiu de algo existente no mundo material. Esta transferência do real para a imagem é o que se pode chamar de rastro indicial, que esta carrega daquele, e é a origem da verossimilhança ou atestação de realidade da imagem – por mais subjetiva ou inventada que tal realidade seja.
Philippe Dubois, em *O ato fotográfico*, utiliza o caráter indicial para definir a fotografia: "O ponto de partida é portanto a natureza técnica do processo fotográfico, o princípio elementar da impressão luminosa regida pelas leis da física e da química. Em termos tipológicos, isso significa que a fotografia aparenta-se com a categoria de 'signos', em que encontramos igualmente a fumaça (indício de fogo), a sombra (indício de uma presença), a cicatriz (marca de um ferimento), a ruína (traço do que havia ali), o sintoma (de uma doença), a marca de passos, etc. Todos esses sinais têm em comum o fato de 'serem realmente afetados por seu objeto', de manter com ele 'uma relação de conexão física'" (p. 50).

manifestações, enquanto processo lento e quase artesanal, passando por sua industrialização, chegando até a massificação da fotografia ocorrida nos últimos anos do século XIX.

Daí a necessidade de apontar, no capítulo 2, como se constitui como um evento no século XIX, a maneira pela qual denota o espaço, sobretudo dos domínios coloniais, e a forma pela qual projeta um novo sujeito social, do fotógrafo à *Kodak Girl* (Garota Kodak).

No terceiro capítulo trataremos do aparecimento da imagem indicial em movimento, isto é, do primeiro cinema, através da discussão do livro *A invenção de Hugo Cabret*, de Brian Selznick (2007) e do filme *Hugo Cabret*, de Martin Scorcese (2011).

No capítulo final, utilizaremos os conceitos e questões trabalhados nos capítulos anteriores, por meio de exemplos contemporâneos: a *street art* e a televisão.

Ao fim de cada capítulo, trazemos sugestões de atividades didáticas para o professor trabalhar em sala de aula as questões levantadas.

Uma vez que este livro deseja levantar para o leitor questões metodológicas do campo da cultura visual, o texto precisa das imagens para amparar suas abordagens, defrontar-se com elas e interrogá-las. O leitor encontra, ainda, em cada capítulo, uma atividade didática centrada na cultura visual e na imagem para ser utilizada, logo repensada e recriada pelo professor em sala de aula. Isso porque, salvo engano, a sala de aula é sempre um exercício de criação do conhecimento e um modo de transmissão de saberes que nos impõem, a cada momento, escolhas e debates. Desta maneira, está sempre em jogo na produção do conhecimento: saber-fazer, saber-pensar, saber-estar, saber-ser, com graus que podem variar, mas que, no geral, entrecruzam-se nas relações de ensino-aprendizagem em sala de aula.

Ao mesmo tempo, este texto reconhece as formas e a intensidade com que a vida cotidiana, notadamente urbana, é construída pela produção, circulação e consumo das imagens, cada vez mais através da tecnologia da comunicação e da informação.

A presença de mídias móveis em nossa contemporaneidade se alastra de forma veloz e inaugura, sobretudo a partir dos anos 2000, a experiência da condensação espaço-temporal. Porque, ao mesmo tempo em que se está em um determinado lugar, qualquer um pode estar plugado e em franca relação com qualquer outra pessoa no planeta, conversando e decidindo sobre viagens, educação, trabalhos, assuntos familiares de vida e morte.

Essa prática supera o lugar onde você se encontra geograficamente e o momento do dia – ou da noite – para estabelecer, na esfera do *online*, um ambiente onde você se conecta com outra pessoa ou um site para fins diversos. Os protagonistas aí envolvidos ultrapassam esse lugar físico e, ao mesmo tempo, encontram-se nesse ambiente virtual. Trata-se de uma experiência inédita e cotidiana que explicita a eficácia da visualidade na vida social e nos processos sociais.

Essa mesma experiência visual e informacional potencialmente envolve a sobreposição do espaço público, privado, doméstico e íntimo. Mais de uma sala de aula na escola já se deparou com um vídeo íntimo que vazou do quarto de algum estudante e, através da rede escolar, disseminou-se de modo viral. As fotografias realizadas a quase um braço de distância por celulares e mídias móveis ou com "pau de *selfie*" adentram as redes sociais, podem se tornar uma tela de descanso do namorado ou do "ficante" ou ser deletada em um segundo. Logo, a cultura visual ganha uma enorme e potente centralidade

→ Segundo o *Dicionário Oxford*, *selfie* significa "uma fotografia que alguém faz de si mesmo, geralmente com um *smartphone* ou *webcam* e publicada em mídias sociais". Este termo foi escolhido pelo site do *Dicionário Oxford* como palavra do ano de 2013. Fonte: <http://blog.oxforddictionaries.com/2013/11/word-of-the-year-2013-winner/>.

também no ambiente escolar, na vida em suas rotinas, nas noções de cidadania vigentes.

As imagens em nosso cotidiano, contudo, são vividas em várias dimensões, usos e funções:

- tornam-se o próprio evento – por exemplo: ao se reportar ao 11 de setembro de 2001, imediatamente uma série de imagens apareceram, tornando-se inseparáveis da lembrança do ocorrido em Nova York;
- contribuem para nossa configuração identitária – a exemplo do documento nacional (o RG), que cadastra dados pessoais, fotografia, digitais em um enorme banco de dados de uso nacional e até internacional;
- fazem a mediação de relações sociais desde as mais prosaicas, como o acesso, uso, frequência ao site de busca Google. Como negar que atualmente somos, ao mesmo tempo, *leitores, internautas & espectadores*, existindo a um jogo de relações entre essas ações a mobilizar imagens e a indústria cultural continuamente?

Nessa condição cotidiana, podemos ser consumidores e cidadãos em graus distintos a depender da situação. O antropólogo Nestor Canclini[2] descreveu essa condição como simultânea, altamente tecnológica, interligada, tão imersa no cotidiano, que não nos damos conta dos gestos e escolhas automaticamente aí enredados.

Você está dirigindo o carro enquanto ouve um áudio-livro e é interrompido por uma ligação no celular. Ou você está em casa, sentado numa poltrona, com o romance que acabou de comprar, enquanto na televisão, ligada à espera do noticiário, passa um anúncio sobre as novas funções do Ipod. Você se levanta e vai até o computador para ver se compreende essas novidades que não estão mais nas enciclopédias de papel e, de repente, percebe quantas vezes, mesmo para procurar dados sobre

---

2 Canclini, N. G. *Leitores, espectadores e internautas*. São Paulo: Iluminuras, Observatório Itaú Cultural, 2008. p. 11.

outros séculos, recorre a esses novos patrimônios da humanidade, que se chamam Google e Yahoo.

Ou seja, no âmbito da cultura visual no tempo presente, marcado pelas mídias digitais, produz-se também nossa percepção das temporalidades e das espacialidades que fundam nossa noção de nós mesmos e nossa compreensão histórica do vivido.

1. A FOTOGRAFIA E O OLHAR MODERNO

I. As primeiras experiências fotográficas

Este capítulo trata da fundação da fotografia, aliando um debate sobre a natureza da imagem, o modo de produzi-la e sua capacidade de representar o que e a quem. Nota-se o uso frequente da fotografia para retratar a si mesmo ou outras pessoas desde sua fundação. Este tipo de imagem agenciou saberes específicos das sociedades em que foi usado e promoveu uma hierarquização significativa do olhar e das gentes.

Não podemos dizer que a fotografia tenha uma data de início certa, porque ela é produto de um conjunto de invenções e aprimoramentos. Na Europa, desde o século X se conheciam os processos físicos da produção da imagem indicial, com o uso da *câmara escura* munida de uma lente corretora. Já a fixação da imagem produzida, ou seja, os processos químicos que permitiriam a fotografia, como a descoberta de que certos elementos químicos seriam sensíveis à luz, começaram a ser pesquisados ainda no século XVII.

Uma das primeiras fotografias realizadas, e que está preservada até hoje, foi feita em 1826 pelo cientista, inventor e litógrafo francês Joseph Nicéphore Niépce (1765-1833). Ele cobriu uma placa de estanho com betume branco da Judeia e a colocou dentro de uma câmera escura voltada para a sua janela por oito horas. Onde a luz incidiu sobre a placa, o betume endureceu; onde a luz não incidiu, ele permaneceu mole, sendo retirado com uma solução de lavanda (Figura 1.1).

Figura 1.1. Vista da janela de Niépce, 1826. É a primeira imagem formada por uma câmera existente até hoje. Fonte: Universidade do Texas.

A técnica usada por Niépce não formava tons intermediários, somente o preto e o branco. A imagem dos prédios, o telhado, a árvore, é formada por massas e linhas bem demarcadas. Onde havia sombra há um negro forte. Por este motivo, não são perceptíveis detalhes da cena, nem muita nitidez.

Esta primeira fotografia de Niépce está ainda muito longe do que conhecemos hoje por fotografia. Ela não chama a atenção tanto pelo que retrata, mas sim como objeto, por sua própria existência.

Para nós, que vivemos cercados por fotografias, ela pode parecer banal. Naquele momento, ela era a primeira imagem indicial já feita, algo como um prodígio da ciência, uma união bem-sucedida de uma série de saberes que vinham sendo desenvolvidos há séculos. Pela primeira vez um determinado instante em um determinado lugar era transformado em algo material, preservado sempre o mesmo e para sempre. Esta fotografia até hoje tem grande importância, pois representa a nova forma de imagem que nascia decalcada do real.

A técnica de Niépce era ainda muito lenta, necessitando nada menos do que oito horas de exposição para endurecer o material sensível e formar a imagem. Tal lentidão fez com que esta técnica fosse abandonada.

II. Autorretratos

Mais perto do que conhecemos hoje por fotografia, estão três autorretratos realizados em três etapas diferentes de desenvolvimento das técnicas e sensibilidades relacionadas à imagem indicial.

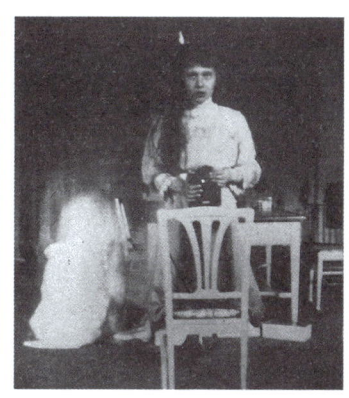

Primeira etapa
Figura 1.2. Este é o autorretrato em daguerreótipo de Robert Cornelius feito em 1839. Ele data dos primeiros anos após a divulgação dos processos fotográficos bem-sucedidos. Fazer fotografia era um processo quase artesanal, em que o fotógrafo era responsável pelo processo completo. O alto custo dos equipamentos e a dificuldade em operá-los regulavam quem poderia produzir e consumir estas imagens entre 1830 e 1850. Fonte: Library of Congress Prints and Photographs Division. <http://commons.wikimedia.org/wiki/File:RobertCornelius.jpg>.

Segunda etapa
Figura 1.3. Este autorretrato em *carte de visite* de Nadar em seu estúdio é de cerca de 1863. Entre as décadas de 1850 e 1890 há uma produção de imagens fotográficas em maior escala. O processo fotográfico se tornou semi-industrial. Foi barateado e ganhou maior popularização com os retratos em tamanho pequeno, conhecidos como *cartes de visite*. Fonte: J. Paul Getty Museum. <http://www.getty.edu/art/gettyguide/artObjectDetails?artobj=44793>.

Terceira etapa
Figura 1.4. O autorretrato da princesa russa Anastácia com uma câmera Kodak Brownie é de 1914. Ele marca um período de massificação da fotografia. Câmeras portáteis e automáticas como a Kodak entram no mercado a partir da década de 1880. Elas dispensam o conhecimento dos processos de feitura da imagem. Qualquer um que possa comprar uma câmera é então capaz de produzir fotografias. Fonte: OgreBot. <http://commons.wikimedia.org/wiki/File:Grand_Duchess_Anastasia_Nikolaevna_self_photographic_portrait.jpg?uselang=pt-br>.

→ Se diz analógica a técnica oposta ao digital, ou seja, a fotografia que não se baseia em dígitos (zeros e uns).

Os autorretratos fotográficos da página anterior, todos analógicos, são um ponto de partida para a reflexão sobre a construção da cultura visual urbana dos Oitocentos. Numa perspectiva panorâmica da história do retrato fotográfico entre 1830 e 1910, essas imagens permitem distinguir três etapas fundamentais da presença da fotografia na vida das pessoas e da sociedade.

III. Os primeiros daguerreótipos

Robert Cornelius, que se autorretratou em 1839, era um químico amador norte-americano. A câmera que ele usou era bem diferente das câmeras que conhecemos. Uma caixa de madeira com jogo de lentes de vidro e a placa de metal sensibilizada, somando mais de cinco quilos, e colocada sobre um tripé.

Para fazer o autorretrato ele removeu a tampa da lente e correu para a posição determinada. Ficou então imóvel por um minuto, o tempo necessário para que sua imagem se fixasse. Após este minuto ele se levantou e correu de volta para tampar a lente, evitando que entrasse luz demais. Esta foi a parte da feitura da foto. Imediatamente depois, Cornelius precisou processar a placa, revelando a imagem. Este exemplo mostra um momento inicial da fotografia: seu processo era quase artesanal, e o fotógrafo precisava se incumbir de todos os processos técnicos, ou seja, as operações físicas – da tomada da foto – e químicas – da revelação da foto.

A fotografia de Cornelius (Figura 1.2) foi uma das primeiras vezes em que uma câmera fotográfica foi apontada para uma pessoa, sendo capaz de a retratar. Traz suas feições bastante nítidas, e ela levou somente um minuto para ser tirada – uma grande diferença em relação às oito horas da primeira fotografia de Niépce. Ela foi feita com a técnica do daguerreótipo. Este processo garantiu maior nitidez e menos tempo de exposição à luz. Anunciado em 1839, mesmo ano da fotografia de Cornelius, o daguerreótipo foi o processo fotográfico mais utilizado por mais ou menos uma década.

Pouco tempo depois do anúncio do aparecimento do daguerreótipo, o Estado francês o comprou de Daguerre e o "doou à humanidade", o que significou que estava livre de patentes. Isto ajudou muito sua disseminação, e a técnica se espalhou para os mais diversos locais do globo, inclusive para os EUA, onde Cornelius vivia. O que não queria dizer, no entanto, que a fotografia já estivesse tão presente nas sociedades como hoje. Pelo contrário, neste primeiro período de sua história, que vai desde a imagem de Niépce, passa pela década em que o daguerreótipo predominou, e vai até 1850, tirar fotos era uma ocupação apenas para os poucos que tivessem dinheiro suficiente para comprar os caríssimos equipamentos, e conhecimento o suficiente para aplicar todos os processos químicos envolvidos. Cornelius, por exemplo, era da média burguesia norte-americana (sua família tinha uma loja, na frente da qual ele posou para seu autorretrato) e era químico amador. Esta nova imagem que estava sendo inventada naquele momento ainda estava inventando seus lugares e seus usos, enquanto objeto e enquanto

→ O daguerreótipo foi desenvolvido por Louis Jacques Mandé Daguerre (1787-1851), físico, pintor e homem de negócios parisiense que foi sócio de Niépce em seus últimos anos de vida. Consistia em colocar uma camada muito polida de prata sobre uma placa de cobre, sensibilizada com uma solução de iodo, e expô-la em uma câmera. A placa era então revelada em vapor de mercúrio e fixada com uma solução de sal antes de secar.

mercadoria, variando entre a ciência e a arte. O autorretrato de Cornelius mostra um dos principais caminhos que ela tomaria, o de dar conta de um novo sujeito social que também se formava, junto com esta burguesia urbana à qual ele pertencia.

IV. O processo de industrialização da fotografia

O daguerreótipo logo se tornou um instrumento de conhecimento, reconhecimento e interpretação do mundo, registrando paisagens, arquitetura, etnografia, astronomia, microscopia, e outros temas ligados às ciências e às artes. Por causa do grande sucesso na venda e consumo, o retrato foi um dos maiores usos desta nova imagem.

Com a possibilidade técnica de fotografar pessoas, a fotografia se tornou rapidamente um negócio lucrativo. A partir deste momento não se tratava mais tanto do fotógrafo cientista amador, mas de uma profissão que nascia, a do fotógrafo de estúdio. E ao mesmo tempo em que a fotografia foi encontrando este propósito, foram também sendo estabelecidos códigos visuais determinados.

Podemos comparar o autorretrato de Cornelius (Figura 1.2), um retrato simples e direto, que não tem nenhum outro adorno, ao autorretrato (Figura 1.3) do francês Nadar (1820-1910), dono de um dos maiores estúdios fotográficos do século XIX em Paris. A fotografia é uma cena bastante elaborada, em que Nadar simula estar voando em um balão. Ela é considerada um autorretrato não porque foi Nadar quem tirou a foto (ele nem poderia, já que estava posando no cesto do balão), mas porque ela foi realizada em seu estúdio, e a partir de sua concepção visual (cenário, pose etc.).

O estúdio de Nadar foi um dos grandes estúdios que ajudou a marcar a *segunda etapa* da presença da imagem fotográfica na cultura visual ocidental, o início da industrialização da fotografia.

Os primeiros estúdios fotográficos datam de 1840 em Nova York e 1841 em Londres. Durante a década de 1850 os estúdios fotográficos de retratos foram crescendo como negócio. Ao mesmo tempo, eram conhecidos como

"Templos da foto", porque alguns, como o de Nadar, eram grandiosos e luxuosos; mas também chamados jocosamente de "câmaras de tortura". Isso porque o tempo de exposição ainda grande fazia necessária a total imobilidade do retratado, e os acessórios que auxiliavam nesta imobilidade se assemelhavam a instrumentos de tortura, por exemplo, o aparato no qual a cabeça se apoiava durante a pose, impedindo que ela se movesse, mostrado na imagem da Figura 1.5.

Ao compararmos o modesto estúdio de Berlim que aparece na Figura 1.5 com a luxuosa fachada do estúdio parisiense de Nadar, retratado por volta da década de 1860 (já comentada na Introdução), podemos ver dois aspectos distintos deste processo de industrialização do retrato fotográfico e da incorporação e adequação do corpo humano a ele.

Figura 1.5. Fotografia de A. H. Wheeler, em seu estúdio em Berlim. A imagem parece ser uma sátira da nova profissão, pois o fotografado é muito parecido com o fotógrafo. São visíveis a câmera, o fundo neutro e o aparato em que a cabeça se apoia, para não se mexer durante o tempo de exposição. Fonte: Library of Congress, Prints and Photographs Division.

→ O colódio úmido é a técnica em que uma placa de vidro sensibilizada forma uma imagem negativa. O material permite uma exposição rápida, e a superfície lisa e transparente do vidro permite grande definição na tiragem positiva.

→ O filósofo alemão Walter Benjamin foi quem cunhou o termo reprodutibilidade técnica. Ele o explica da seguinte maneira: "Em sua essência, a obra de arte sempre foi reprodutível. O que os homens faziam sempre podia ser imitado por outros homens. Essa imitação era praticada por discípulos, em seus exercícios, pelos mestres, para a difusão das obras, e finalmente por terceiros, meramente interessados no lucro. Em contraste, a reprodução técnica da obra de arte representa um processo novo, que se vem desenvolvendo na história intermitentemente, através de saltos separados por longos intervalos, mas com intensidade. (...) [Com a fotografia] Pela primeira vez no processo de reprodução da imagem, a mão foi liberada das responsabilidades artísticas. Como o olho apreende mais depressa do que a mão desenha, o processo de reprodução das imagens experimentou tal aceleração que começou a situar-se no mesmo nível que a palavra oral. Se o jornal ilustrado estava contido virtualmente na litografia, o cinema falado estava contido virtualmente na fotografia". (Benjamin, 1996a, p. 166).

O grande estúdio luxuoso era como uma linha de montagem, onde cada andar tinha a sua função, de onde saíam milhares de imagens todos os anos, e que alterava a paisagem das grandes cidades. Os aparatos técnicos para a feitura da imagem mostram como o corpo individual, tanto do fotógrafo quanto do fotografado, precisavam se adequar, sofrer uma mudança, ser educados em função dos protocolos técnicos da máquina. O culto da máquina – também presente na fachada de ferro e vidro do ateliê de Nadar – tinha assim uma expressão estética. A imobilidade era um requisito para todas as fotografias, fossem de paisagens ou de retratos, e um de seus aspectos mais curiosos é uma das modalidades fotográficas bastante apreciadas do período: os retratos mortuários. Nadar e seu filho faziam visitas residenciais para retratar pessoas importantes em seus leitos de morte. Um exemplo é o retrato fúnebre que eles fizeram de Dom Pedro II, comentado na Introdução.

A década de 1850 veria uma nova revolução técnica e comercial da fotografia, os *cartes de visite*. Este tipo de retrato se utilizava da nova técnica do colódio úmido. Além de a imagem resultante ter maior nitidez, esse processo permitiu também que o negativo em vidro pudesse ser usado como matriz para a feitura de um número indeterminado de cópias positivas, através da reprodutibilidade técnica. Este que é um dos aspectos fundamentais da fotografia como a conhecemos hoje não existia no daguerreótipo.

Essa reprodutibilidade foi explorada para baratear os retratos. O comerciante francês André Disdéri (1819-1889) conseguiu obter da mesma placa sensibilizada 4, 6 ou 8 tomadas, graças a uma câmera especial. Estas eram imagens pequenas, de 6 x 10 cm, que eram depois coladas em um cartão com o mesmo formato de um cartão de visita. Por seu tamanho diminuto e produção massificada, tinha preço bem mais baixo que os retratos fotográficos em tamanho grande: em 1855, um retrato em tamanho normal era vendido entre 25 e 125 francos na França, dependendo do estúdio em que era realizado; já um *carte de visite* era vendido por 1 franco a peça.

O barateamento dos preços dos *cartes de visite* ajudou numa certa democratização da imagem fotográfica, que se disseminou neste período. Também o ofício do fotógrafo de estúdio se ampliou. Além dos luxuosos estúdios das cidades grandes, voltados para a alta burguesia, a grande maioria desses profissionais trabalhava em pequenos estúdios, com poucos empregados. Nas cidades ainda menores, um fotógrafo itinerante montava sua barraca em dia de feira. O fotógrafo passava a ser uma figura pública, seja nas cidades grandes, onde os donos dos estúdios se tornaram famosos, seja no interior, onde o fotógrafo da cidade era em geral uma pessoa conhecida por todos.

A fotografia deixou então de ser um processo artesanal e passou a ser um sistema semi-industrial. Estes estúdios empregavam muitos assistentes, e seu interior reproduzia uma verdadeira linha de montagem, com processamento, tiragem, secagem, recorte, retoque, e a montagem das imagens sendo feitos em série.

O fazer-se retratar era, até o surgimento da fotografia, uma prática das classes altas, que encomendavam aos pintores seus retratos, bastante caros e símbolo de *status*. Tais retratos podiam inclusive ser considerados como joias, ou como adornos luxuosos. Na próxima página podemos ver o retrato em miniatura de Napoleão I (Figura 1.6), pintado em mármore.

Já o retrato fotográfico era uma imagem indicial e técnica. Ele tinha a atestação de realidade própria a este tipo de imagem, uma característica inédita nos retratos até então. Ganhou o mercado, principalmente a partir da década de 1850, não apenas por ser menos custoso do que o retrato em pintura, mas também por ser mais próximo da imediatez, flui-

Figura 1.6. Retrato em miniatura de Napoleão I, de autor desconhecido (cerca de 1804-1811). Fonte: Jens Mohr – LSH 85932. <https://commons.wikimedia.org/wiki/File:Miniatyr._Napoleon_I_-_Skoklosters_slott_-_85932.tif>.

dez e mecanicidade do mundo pautado pelo capital, vivido pela burguesia urbana. A busca pela diminuição do tempo de exposição, ou seja, por uma maior velocidade da feitura do clichê, ecoava a velocidade da vida urbana moderna, regulada pela grande circulação, pelo trem, pelo relógio e pela produção industrial. A técnica fotográfica convergia com a vida urbana, no sentido de pedir um novo estatuto para o olhar. A fotografia trouxe assim uma contribuição para a elaboração de uma nova temporalidade marcada pelo instantâneo, pelo flagrante.

O movimento, a velocidade e a mecânica são elementos que se sobressaem em fins do século XIX, tanto no desenvolvimento da fotografia quanto do primeiro cinema (como será visto no capítulo 3). Estas imagens técnicas foram também utilizadas como instrumentos de conhecimento científico do mundo. Em 1859 o poeta francês Charles Baudelaire afirmou que a fotografia podia servir como "secretária e auxiliar de quem quer que precise de uma exatidão factual absoluta em sua profissão"[3]. A crença na infalível atestação de realidade da fotografia foi utilizada em diversos campos, desde as tipologias forenses e catalogações policiais até os estudos e as denúncias sobre a má qualidade de vida das classes pobres. O valor de verdade da imagem indicial traria revelações que o olho nu não seria capaz de perceber, ao mesmo tempo em que atestaria uma

---

3 Gunning, Tom. O retrato do corpo humano: a fotografia, os detetives e os primórdios do cinema. In: Charney, Leo; Schwartz, Vanessa (orgs.). *O cinema e a invenção da vida moderna*. São Paulo: Cosac Naify, 2010. p. 38.

realidade: se está fotografado, é porque existe e não se pode mais ignorar.

Em 1878 o fotógrafo britânico Eadweard Muybridge (1830-1904) desenvolveu o estudo reproduzido na Figura 1.7, nos Estados Unidos. Ele foi comissionado para resolver um problema que existia há muitos séculos, e que sem a fotografia permaneceria sem solução: quando o cavalo galopa, ele toca ou não o chão com as quatro patas ao mesmo tempo? O fotógrafo desenvolveu técnicas e câmeras específicas, e foi capaz de fazer uma sequência de imagens com o mínimo de intervalo entre uma e outra. Pela primeira vez o olhar da máquina resolveu uma questão que o olhar humano não era capaz de resolver.

Muybridge usou o mesmo princípio fotográfico do estudo com o cavalo para fazer retratos

Figura 1.7. Sequência de imagens de um cavalo galopando, feita por Eadweard Muybridge. Fonte: Library of Congress Prints and Photographs Division. <http://en.wikipedia.org/wiki/File:The_Horse_in_Motion.jpg>.

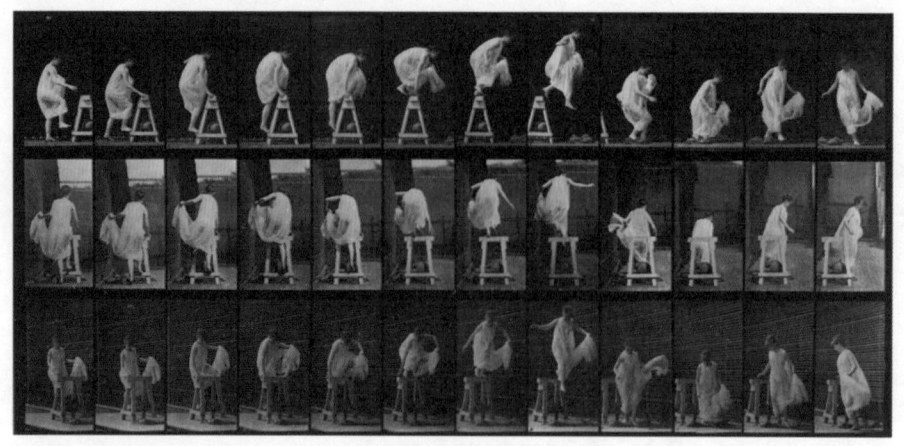

Figura 1.8. Sequência de imagens de uma mulher saltando um banco, feitas por Muybridge. Fonte: Library of Congress Prints and Photographs Division. <http://commons.wikimedia.org/wiki/File:Eadweard_Muybridge_Animal_Locomotion_Plate_172.jpg>.

procurando desconstruir movimentos humanos cotidianos (Figura 1.8). Ele partiu da sequência de fotografias para a busca de uma verdade invisível a olho nu. Embora não fosse a princípio a intenção de Muybridge, as sequências como a do cavalo galopando trouxeram em si uma noção de movimento muito pronunciada. Se vistas em um curto intervalo de tempo, as fotografias sobrepostas dão a impressão de estarem animadas, fazendo-nos pensar no cinema. A sobreposição reconstrói o movimento que cada imagem individual havia desconstruído. Imagens como as da Figura 1.8 se contrapõem à imobilidade do retrato fotográfico do século XIX.

Pode-se ver nestes dois exemplos como a representação por meio do fotográfico ajudou a formar uma estética do movimento. Além disso, em especial no que diz respeito ao corpo humano, os mesmos preceitos continuam válidos até hoje como modos de conhecimento e compreensão de tais corpos, por meio de imagens. Estas imagens criam, portanto, padrões. O corpo, parado ou em movimento, é modelado através das imagens.

V. Os protocolos da imagem fotográfica: poses e adornos

Depois de termos atentado para a construção técnica e a materialidade da imagem fotográfica a partir da câmera caixote, propomos agora chamar a atenção para os padrões visuais estabelecidos pela fotografia. Como foi dito na Introdução deste livro, as imagens não são algo dado, naturais, mas sim construções históricas. Quando um fotógrafo se volta para uma pessoa – ou para si mesmo – a fim de fazer uma fotografia, ele traz consigo um arcabouço de imagens.

Os vídeos *Poses do 19* e *Poses do 21*[4], através da montagem em sequência de retratos e autorretratos fotográficos, permitem o estabelecimento de tal discussão.

Poses do 21 dialoga diretamente com *Poses do 19*, filme realizado com o acervo fotográfico do Museu Paulista da USP por Gavin Adams, Vânia Carneiro de Carvalho e Solange Ferraz de Lima em 2002. A partir dos mais de 12 mil *cartes de visite* e retratos feitos pelo fotógrafo **Militão Augusto de Azevedo** (1837-1905) entre 1862 e 1885, este vídeo flagra a importância das poses dos diversos grupos sociais da sociedade paulistana.

Tanto o *Poses do 19* quanto o *Poses do 21* são montagens de sequências de fotografias. Os *cartes de visite* de Militão Augusto de Azevedo so-

→ Militão nasceu no Rio de Janeiro e trabalhou como ator e cantor lírico antes de se mudar para São Paulo, em 1862, e se estabelecer como fotógrafo. Nesta cidade ele foi proprietário de um dos mais importantes estúdios fotográficos do país, mantendo-se em contato com o fotógrafo francês Alphonse Liébert, que o mantinha a par das inovações técnicas, e seguindo à risca o modelo estético de Disdéri quanto aos elementos decorativos e fundos das imagens. Militão também produziu muitas fotografias de paisagem e vistas urbanas, sendo um de seus trabalhos mais conhecidos o *Álbum comparativo da cidade de São Paulo: 1862-1887*.

---

4 *Poses do 19*, realizado por Gavin Adams, Vânia Carneiro de Carvalho e Solange Ferraz de Lima em 2002, está disponível em: <https://www.youtube.com/watch?v=PVoEraMRxSk>. *Poses do 21*, realizado pelas jovens Bárbara Crepaldi e Cyntia Ueda em 2007 para a disciplina Poéticas da Imagem da graduação em Midialogia, da Unicamp, está disponível em: <http://www.youtube.com/watch?v=OSDj3tXOlvE>.

brepostos, ao som de uma música de batida marcada, dão uma ideia de ritmo acelerado da vida moderna. Também deixam claros os padrões visuais reiterados: em especial a pose e os adereços. Na segunda metade do século XIX o estúdio fotográfico se tornou um local de passeio da moda nas cidades grandes. Ele combinava a caminhada pelos bulevares, os locais de consumo das grandes cidades no século XIX, precursores dos shopping centers, a uma visita ao teatro.

Os estúdios funcionavam em Paris e Nova York nos mesmos quarteirões dos teatros, com o horário e o público semelhantes. Fotografia e cinema flertaram com o teatro popular e com o universo dos mágicos e ilusionistas. Os estúdios que faziam *cartes de visite* eram repletos de objetos cenográficos, como colunas, fundos pintados em *trompe l'oeil*, cortinas e tecidos drapeados. As pessoas que se faziam fotografar podiam assumir diferentes imagens de si, realizar desejos quanto à aparência social, e a classe média podia se representar com símbolos de poder ou *status*. O estúdio fotográfico se tornou o lugar onde o novo sujeito moderno passou a se inventar, com a possibilidade de inventar a sua imagem ou aparência.

Como o vídeo busca marcar, nós também chamamos a atenção para a padronização estética dos *cartes de visite*. Normalmente, as pessoas eram retratadas apoiadas em um objeto, como uma coluna ou cadeira. Este apoio servia para auxiliar o retratado a permanecer imóvel durante o tempo necessário para a realização da fotografia. Nos grandes estúdios como o de Nadar, os cenários e as poses eram mais elaborados; já no mundo massificado de Disdéri e de Militão, as poses e os cenários eram repetidos. Estas poses nos remetem, na maioria das vezes, a poses clássicas da pintura. Elas foram sendo apropriadas pela fotografia, e mesmo quando o tempo de exposição da fotografia diminuiu, e não exigia mais que o retratado ficasse parado por tanto tempo, a coluna ou cadeira permaneceu como adorno.

Existia uma uniformização dos retratos por meio das poses, expressões e adornos estéticos. Uma vez que qualquer um que pudesse pagar poderia se fazer retratar na mesma pose e fundo que um chefe de Estado

Figuras 1.9 a 1.11. Imagens do vídeo *Poses do 19*. Fonte: Museu Paulista.

ou membro da realeza, a cultura visual da qual os *cartes de visite* fazem parte não apenas auxiliou em uma educação do olhar, mas também impactou as relações sociais, fazendo com que elas, em certa medida, ficassem mais diretas. Pela primeira vez, este tipo de imagem indicial tornou amplamente reconhecidas as feições das personalidades públicas.

Além do fazer-se retratar, a moda dos retratos fotográficos iniciada nesta década de 1850 também formou o hábito de colecionar retratos de outras pessoas. Os daguerreótipos eram, por vezes, ricamente emoldurados e pendurados nas paredes das casas da burguesia, quase como os ícones religiosos. Os retratos em formato diminuto dos *cartes de visite* abandonaram as paredes e molduras, e, comprados, ganhos ou trocados, mudaram-se para os álbuns nas mesas da sala de visitas. O álbum fotográfico passou a ser lugar de produção de identidade e de narrativa familiar. Tinham peso nestes álbuns os retratos de familiares, de amigos e de personalidades.

A reprodutibilidade técnica permitida pelo processo do colódio úmido trouxe uma nova atividade lucrativa para os estúdios, a venda de fotografias de pessoas famosas. Em comparação com o retrato individual, que tinha uma venda limitada, os estúdios ganhavam muito mais vendendo os de pessoas famosas. Em um tempo em que a imprensa ainda não conseguia publicar fotografias, estes retratos feitos pelos estúdios forneciam um rosto para acompanhar as notícias e as fofocas, ecoando a velocidade da vida urbana moderna, e o cada vez maior papel que a visualidade tinha no conhecimento e relação com o mundo.

O retrato no século XIX, com seus elementos estéticos como a pose, o fundo, os adornos, marca uma hierarquia do visível e um padrão social de representação. Colunas falsas, cadeiras e tecidos drapeados estão presentes em várias das imagens de *Poses do 19*. A postura corporal é bastante uniforme, e a imobilidade é um pressuposto. Podem ser vistas inclusive fotografias mortuárias, especialmente de crianças. Nos Oitocentos a pose era tão importante, que os manuais para fotógrafos amadores, além de esclarecer o passo a passo da técnica, também tinham capítulos exclusivos sobre a pose e a conformação estética das imagens. Citamos abaixo um trecho do *Manual de photographia para amadores*[5], editado por Laemmert e Cia. no Rio de Janeiro em 1896. Trata-se do primeiro manual editado no Brasil.

> Colocar uma simples figura humana em pé de um modo gracioso e agradável, é uma das maiores dificuldades que o fotógrafo tem de vencer.
> Quando um homem vestido com as nossas roupas modernas se conserva de pé, as linhas dos braços e das pernas caem paralelas com o corpo; temos já feito notar mais acima o efeito desagradável destas linhas.
> Não é pouco fácil em um retrato vencer esta dificuldade, sem colocar o modelo em alguma ocupação ou situação característica.
> Um soldado, por exemplo, pode apoiar-se sobre a sua espingarda, um pescador pode conservar a linha na mão, etc. Mas como a maior parte das pessoas que desejam ser representadas pela câmara escura não podem ou não querem manifestar uma vocação ou ocupação particular, é melhor conservá-las sentadas.

5 Disponível em: <http://www.studium.iar.unicamp.br/15/07.html>.

> Alguns bons efeitos serão certamente obtidos fotografando o modelo como se estivesse ocupado. O modelo pode ler, tocar um instrumento e examinar certos objetos; muito frequentemente será ainda muito melhor colocado se for reproduzido no momento em que acaba de praticar uma das múltiplas ações da vida ordinária.
>
> Fonte: *Manual de photographia*. Rio de Janeiro: Laemmert e Cia, 1896.

Destacamos neste trecho a presença da educação do corpo em função da máquina. Como o tempo de feitura da imagem ainda não permitia o instantâneo, a pose tinha uma importância crucial, e as instruções são precisas sobre o que e como se deve fotografar. Não podemos esquecer que naquele momento a fotografia era algo muito recente e o manual deveria ensinar não apenas a fazer as fotografias, mas também fornecer os códigos e a linguagem visual pertencentes a elas. Percebe-se neste trecho a preocupação com uma educação não apenas técnica, mas também do olhar.

Lemos hoje este manual com estranhamento. Não precisamos mais ser educados para compreender a linguagem da fotografia, porque já nascemos em contato com ela. Somos socialmente educados por ela de forma imersiva, às vezes sem fazer uma reflexão aprofundada. No entanto, o vídeo *Poses do 21*, a partir da montagem em sequência dos retratos antigos e atuais, nos faz pensar que ainda existem protocolos, convenções, padrões estéticos nos retratos fotográficos. A utilização da câmera digital e o autorretrato no estilo do *selfie*, com um braço de distância, modificaram os retratos. Porém, adornos como os óculos escuros e os bonés, e poses como o olhar de cima para baixo, certas expressões faciais, ou ainda os grupos de amigos espremidos no quadro são recorrentes. As fotografias mostram também claros padrões sociais e de desejo, especialmente no que se refere ao consumo. Os óculos e bonés são objetos de consumo que os jovens desejam e, portanto, que eles exibem nos retratos.

VI. A massificação da fotografia

Nas últimas décadas do século XIX, novos desenvolvimentos técnicos fizeram com que pela primeira vez a realização de fotografias saísse das mãos exclusivas de especialistas e profissionais. Em 1888, o norte-americano George Eastman lançou a câmera Kodak. Era comercializada já pronta, carregada com filme seco e em rolo. O consumidor tirava as fotos e, em seguida, enviava a câmera inteira para a fábrica de Eastman, em Rochester. Lá o filme era processado e as cópias eram enviadas prontas de volta para os consumidores, junto com a câmera recarregada.

Nota-se uma grande diferença dos processos até então, que dependiam de um conhecimento específico. A massificação da fotografia, proporcionada pela venda em massa das câmeras automáticas e iniciada com a Kodak marca uma *terceira etapa* na presença da fotografia na cultura visual ocidental.

A industrialização dos materiais e aparatos aparece no autorretrato realizado pela princesa russa Anastácia (Figura 1.4) em 1914. Este autorretrato se distingue dos de Cornelius e de Nadar (Figuras 1.2 e 1.3) em primeiro lugar por causa da câmera. Anastácia usa a compacta e industrializada Kodak, que aparece em suas mãos. Esta não só aparece, como está no centro da imagem. A pose também se alterou. A cadeira está lá, mas não mais para apoiar o retratado, e sim a máquina fotográfica. Se a retratada tem uma postura mais concentrada, não é devido à pose, mas sim ao ato fotográfico que ela está realizando. A fotografia mostra um espaço íntimo, doméstico, privado – bem diferente dos estúdios fotográficos. Ao mesmo tempo em que esta imagem nos diz que realizar autorretratos no espelho do quarto não é uma novidade da era digital e dos *selfies*, a presença feminina e a ênfase no ato fotográfico nos remete a uma personagem em voga na época, que veremos a seguir, a *Kodak Girl* (Garota Kodak).

VII. O lugar da máquina fotográfica dado pela Garota Kodak

Neste capítulo nos voltamos para o caráter material e artesanal do processo fotográfico com a câmera caixote. Também procuramos analisar os protocolos e padrões visuais que se repetem nos vídeos *Poses do 19* e *Poses do 21*. Agora propomos chamar a atenção para como estes padrões do visível podem também construir um regime de visualidade específico. Não perdemos assim de vista as três instâncias da cultura visual elencadas por Ulpiano Bezerra de Meneses, comentadas anteriormente: o campo da visão, do visível e do visual. Também buscamos chamar a atenção para o que o teórico W. J. T. Mitchell chamou de uma *construção visual do campo social*. Segundo ele, "Não é só que nós vemos do modo como vemos porque somos animais sociais, mas também que nossas conformações sociais tomam a forma que tomam porque nós somos animais que veem"[6].

Na página ao lado podem ser vistas imagens publicitárias da câmera Kodak com a *Kodak Girl* em diferentes momentos.

Para pensar esta construção de um regime de visualidade, partiremos das imagens das *Kodak Girls*. São garotas alegres e independentes, exploradoras do mundo, que visitam desde as praias ensolaradas até as estações de esqui em suas alegres férias. Elas têm a câmera ao mesmo tempo como objeto de diversão e como um acessório – passando a impressão de que dá mais estilo às suas roupas da moda. A câmera serviria para complementar a beleza das garotas, assim como suas roupas. Estas propagandas encorajam uma aproximação entre o instantâneo e a moda, com o se representar socialmente através das imagens bem como através das roupas. A fotografia amadora é aqui aproximada não da técnica, mas da moda e dos objetos de desejo oferecidos ao consumo na virada do século.

A Garota Kodak ajuda a suprir os consumidores – os fotógrafos amadores – de um novo conjunto de códigos e modelos estéticos para a busca da beleza, prazer e alegria. Ao mesmo tempo, educa o olhar da virada do século sobre como ver e representar o visível, sobre como eleger o que deveria ou não ser fotografado, de que modo, e finalmente, como usar a fotografia como um lugar de desejo.

Esta massificação da fotografia é contemporânea da segunda Revolução Industrial, que ocorreu entre as décadas de 1880 e 1890, quando

---

6 Mitchell, W. J. T. Showing seeing: a critique of visual culture. *Journal of Visual Culture*, v. 1, n. 2, p. 171, 2002.

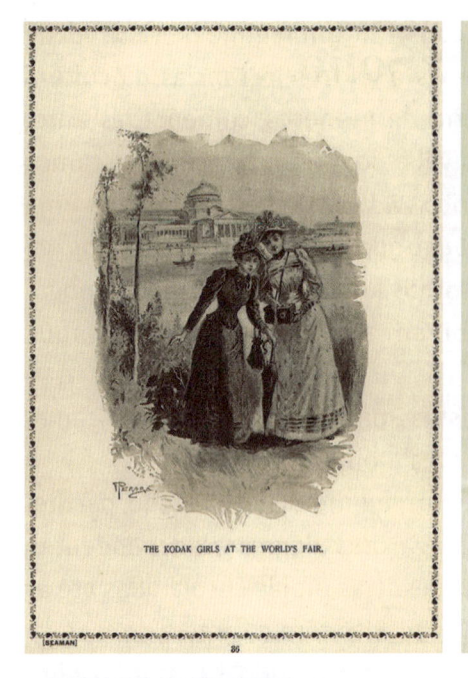

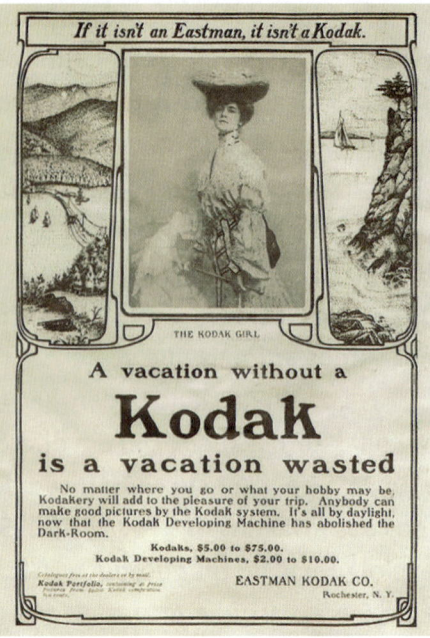

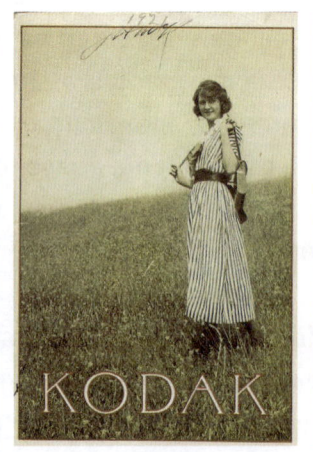

Figura 1.12. Propaganda da Kodak de cerca de 1893, onde a legenda diz "As Garotas Kodak na Feira Mundial".
Figura 1.13. Entre 1895-1907, com o retrato de uma mulher com a legenda "A Garota Kodak", e mais abaixo o texto dizendo "Férias sem a Kodak são férias desperdiçadas. Não importa onde você vá ou qual seja o seu *hobby*, o uso da Kodak vai aumentar o prazer de sua viagem. Qualquer um pode fazer boas fotos com o sistema Kodak. É tudo feito na luz do dia, agora que a Máquina de Revelar da Kodak aboliu o laboratório".
Figura 1.14. De 1900, a legenda informando que se trata da "Garota Kodak".
Figura 1.15. De 1921.
Figura 1.16. De 1928. Fonte: George Eastman Museum.

uma economia pautada pela necessidade foi substituída por uma pautada pelo desejo e consumo. Neste momento, o retrato de estúdio já não era mais uma moda tão forte, e sim um ritual incorporado como tradição para o registro de ocasiões formais, como casamentos ou batizados. As seções de retrato em estúdio eram agora vistas como tediosas e aborrecidas. A Kodak, segundo sua publicidade, retirava este tédio relacionado ao estúdio, ao permitir que seus consumidores fizessem seus próprios retratos, com poses, gestos e ambientes informais.

A empresa, desde o início, teve uma grande preocupação com o marketing. George Eastman entendia que, por ser novo, não havia ainda uma demanda estabelecida para seu produto. Em 1918, um funcionário descreveu a opção de marketing realizada por Eastman como sendo a de procurar vender não somente a caixa marrom de vinte e cinco dólares, mas o *charme* da fotografia para seus consumidores[7].

Também o público-alvo da Kodak foi selecionado cuidadosamente, focando-se mais nas mulheres, que, na passagem do século XIX para o XX, estavam se tornando mais ativas socialmente. O papel de mãe e esposa seria o de guardar as memórias da família e, portanto, o de fotografar os seus principais momentos: os primeiros passos dos filhos, as formaturas, aniversários, as férias em família. A Garota Kodak apareceu na publicidade da empresa pela primeira vez em 1893, e funcionou como a principal modelo de vendas da Kodak por quase oitenta anos, sendo usada em pôsteres, cartazes, *displays*, propagandas em jornais e revistas, até a década de 1970.

Sugerimos a análise da série de imagens publicitárias da Kodak como um exercício em sala de aula que pode buscar problematizar esta educação do olhar que está sendo elaborada, materializada na Garota Kodak. Como esta personagem publicitária, do modo que é retratada, ajuda a incorporar a máquina fotográfica em um cotidiano, como se cria

---

7 West, Nancy Martha. *Kodak and the lens of nostalgia*. Charlottesville and London: University Press of Virginia, 2000. p. 20. Ver também a tese de Lívia Aquino, *Picture ahead: a Kodak e a construção de um turista fotógrafo*, defendida na Unicamp em 2014 e disponível em: <http://www.bibliotecadigital.unicamp.br/document/?code=000935968>.

→ Segundo Ulpiano Bezerra de Meneses, o termo **iconosfera** significa "o conjunto de imagens que, num dado contexto, está socialmente acessível".

aí uma **iconosfera**, em que não apenas a imagem, mas também o ato fotográfico são prerrogativas. Para tanto, podemos atentar, dentro dos desenhos publicitários, para as figuras representadas pelas Garotas Kodak. Em primeiro lugar, são mulheres jovens. Chamamos também a atenção para o local onde estão situadas, em atividades de lazer e na natureza. As roupas, modernas e elegantes; as posturas, sempre descontraídas; e o uso da câmera, que é retratado como algo muito natural e confortável.

A partir destes elementos, é possível: reconstruir o modo como se constituem nestas figuras uma noção de feminino; como a câmera é mostrada nestas imagens, qual é seu papel; estabelecer uma relação entre as imagens das Garotas Kodak e a fotografia de moda, bem como entre imagem e impresso; entender a utilização e articulação de imagens e artifícios visuais como forma de publicidade para um produto; observar que neste momento está se formando uma indústria do turismo e do lazer, e estes são então mostrados como espaços de desejo e principalmente de consumo.

A Kodak veio massificar a produção de imagens fotográficas, que agora poderiam ser feitas por qualquer um que possuísse uma de suas câmeras. Os consumidores que antes compravam retratos, agora podem produzir suas próprias fotografias. O famoso bordão utilizado na publicidade de suas câmeras dizia: "Você aperta o botão, nós fazemos o resto". Ou seja, pela primeira vez era muito fácil e rápido fazer fotografias.

Assim como ocorreu com os manuais que ensinavam ao fotógrafo amador os processos técnicos ao mesmo tempo em que educavam seu olhar, a Kodak utilizou sua publicidade para representar o novo sujeito social que surgiu com ela: o fotógrafo amador. Sua publicidade era uma espécie de manual de conduta deste novo fotógrafo: sua postura, o manejo da câmera, os locais onde ela é utilizada, eram elementos que procuravam não só vender as câmeras, mas também educar o consumidor.

ATIVIDADES DIDÁTICAS

1. Projeto interdisciplinar
a) Produção de uma câmera caixote

A construção de uma câmera analógica básica, a câmera caixote, pode ser uma atividade interdisciplinar, pois une matérias das áreas de humanas e exatas – por exemplo, História e elementos da Física e da Química.

Acompanhar o processo de construção desta câmera com os estudantes, dentro da proposta deste livro, possibilita chamar a atenção deles para a materialidade da imagem fotográfica e para as práticas semiartesanais da produção deste tipo de imagem. A atividade remete aos princípios da fotografia, e os estudantes-fotógrafos serão capazes de se apropriar de diferentes etapas da captura e da formação da imagem.

Com esta câmera, o estudante-fotógrafo assume algumas das tarefas que eram dos primeiros fotógrafos, como Cornelius: operar os processos físicos da construção da câmera e da tomada da foto e, depois, realizar os processos químicos da revelação da foto. Nesse sentido, a câmera caixote pode também nos fazer atentar para a materialidade da experiência fotográfica, hoje já de certa forma perdida com as práticas digitais, uma vez que os aparelhos são multifuncionais e as fotografias praticamente só existem nas telas de computadores e celulares.

A professora de fotografia Gisele Bertinato descreve da seguinte maneira as etapas da construção da câmera caixote, que podem ser reproduzidas com os estudantes:

> A câmera caixote consiste em um corpo vazio, vedado à luz, salvo por um orifício com uma lente acoplada em uma de suas faces. Ao mirarmos um objeto, os raios de luz provenientes deste passarão pela lente e se reorganizarão, em linha reta, até o lado oposto, projetando uma imagem invertida. Este é o princípio ótico da câmera escura. O ato fotográfico acontece quando definimos enquadramento, foco e a fotometria, um sistema de medida de luz que engloba três elementos: o material fotossensível, a abertura do diafragma e a velocidade do obturador.
> Na câmera caixote o enquadramento e o foco são visualizados através da projeção da imagem invertida no visor, o suporte de vidro fosco. O ajuste fotométrico, realizado por tentativa e erro, equilibra os três elementos; a abertura do diafragma (f),

a velocidade do obturador e a sensibilidade do material de captura (ISO). Com a fotometria, foco e enquadramento definidos, trocamos o visor por um chassi munido de material fotossensível. Com o "click" temos a imagem latente.

Para elaborar a câmera caixote, são necessários os seguintes materiais:
- Madeira – 5 mm
- Lente de lupa
- Vidro fosco ou papel vegetal
- EVA preto
- Tinta preto fosco
- Cola

Abaixo Gisele Bertinato conta o processo de feitura da câmera:

Figura 1.17. Câmera caixote. Fonte: Gisele Bertinato, 2016.

> A câmera consiste em dois cubos de madeira com aproximadamente vinte centímetros de largura, independentes e abertos em uma de suas faces. Um cubo deverá ser ligeiramente menor que o outro de forma a permitir um encaixe perfeito entre as partes, possibilitando o deslizamento e ao mesmo tempo impedindo a entrada de luz em seu interior. A madeira deverá ter aproximadamente cinco milímetros de espessura, suas partes deverão ser perfeitamente seladas e pintadas interiormente de preto fosco, para evitar qualquer reflexão.
>
> O cubo externo, posterior, alojará o visor, o chassi com material fotossensível e a base de sustentação para o cubo interno, enquanto este, anterior, acoplará o conjunto, lente e diafragma.
>
> No cubo externo, uma placa de vidro fosco se ajusta ao interior da câmera por meio de um encaixe guia, montados com filetes de madeira, de forma que não permita a invasão de luz em seu interior, a não ser pelo orifício da lente quando encaixada com o cubo interno. A opacidade do vidro fosco permitirá a visualização da imagem e, consequentemente, enquadrar e ajustar o foco. Para tanto é preciso cobrir

I. Cubo interno da câmera caixote, vista posterior.
II. Cubo interno da câmera caixote, vista frontal.
III. Cubo externo, vista frontal.
IV. Cubo externo com visor, vista frontal.

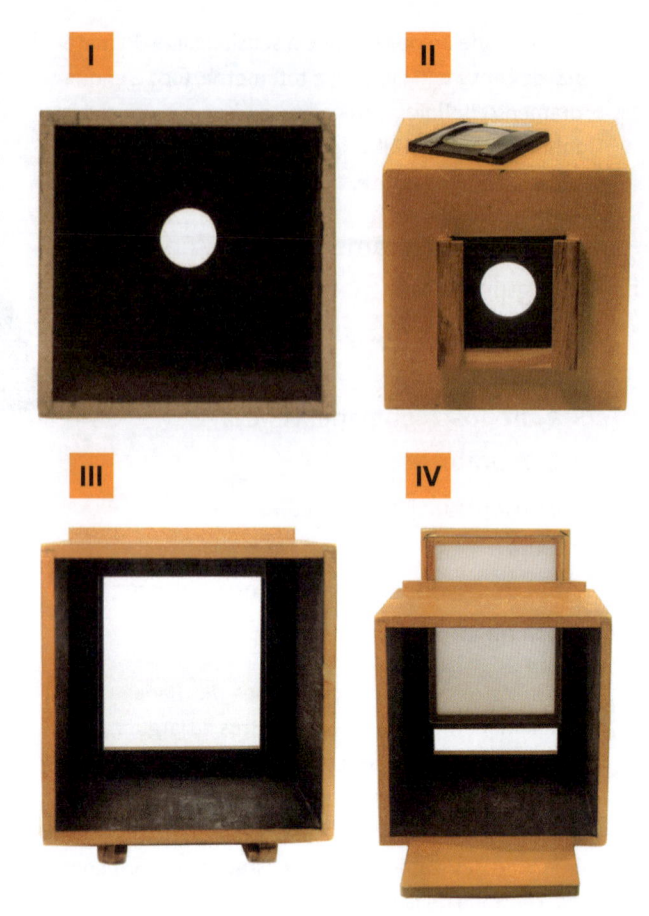

Figura 1.18 a 1.21. Cubos da câmera caixote. Fonte: Gisele Bertinato, 2016.

a cabeça e a área do visor a fim de evitar que a luz do ambiente neutralize a luz da imagem projetada.

O chassi aloja o material fotossensível. Produzido em madeira de dois milímetros e montado nas mesmas dimensões do visor, possui um encaixe, como um painel acoplado, que abre e fecha manualmente determinando o tempo de exposição do material fotossensível. É importante assegurar que esta tampa permaneça fechada e [que] abra apenas no ato fotográfico.

O tempo de exposição é controlado por uma lâmina de madeira inserida no chassi, que escorrega, abrindo e fechando manualmente como uma cortina. No interior do chassi é colocado o material fotossensível, de forma que ao abrir a lâmina este material seja exposto à luz e ao fechar interrompe-se. A velocidade deste movimento de abre e fecha é que determina o tempo da exposição, definido previamente por tentativa e erro.

No cubo interno, no painel frontal, um suporte feito em ripas de madeira, sustenta uma placa centralizada de oito centímetros de largura com um orifício de quatro centímetros de diâmetro. Esta placa vai incorporar uma lente circular com diâmetro maior que a placa e fixada com um sistema de encaixe. Um deslizamento contrário que separa as caixas determina o foco do objeto ao infinito.

Este suporte, complementar ao conjunto, recebe outras placas que poderão alternar com diferentes tamanhos de orifícios; serão os diafragmas.

Figura 1.22. Suporte de lente e diafragma reduzido. Fonte: Gisele Bertinato, 2016.

A lente pode ser feita de uma lupa de 3 dioptrías que gerará 333 mm de distância focal. Já o diafragma, com 40 mm de abertura teremos a abertura máxima expressa em números f, na seguinte forma: f = F/d = 333/40 = 8,3. Podemos dispor de anexos que se fixarão entre a lente e o corpo da câmera com menores aberturas, porém, esta luz será compensada com o tempo de exposição mais prolongado da cortina do obturador. O diâmetro destes orifícios poderá ser calculado com certa precisão caso se pretenda determinar o valor da abertura. Por exemplo:

f = 11 d= F/f = 333/11 = 30 mm
f = 22 d= F/f = 333/22 = 15 mm

Ao ajustarmos o enquadramento, o foco, a colocação do chassi, restará apenas a abertura da lâmina; o mágico "click".

Figura 1.23. Vista frontal da câmera com chassi. Fonte: Gisele Bertinato, 2016.

b) Tirar uma foto com a câmera caixote

Depois da feitura da câmera caixote, podemos usá-la. Para tirar fotos com a câmera caixote:

- carregamos a câmera com uma película fotossensível, o negativo, em total escuridão;
- é recomendável que o exercício seja realizado ao ar livre, em um dia claro, para facilitar a tomada das fotos. Qualquer coisa pode ser fotografada, desde que obedeça às limitações técnicas da câmera – por exemplo, talvez não seja possível fazer um instantâneo, congelar o movimento, assim como os primeiros fotógrafos também não conseguiam com o equipamento que ti-

nham. Os estudantes aqui exercerão a função de abrir e fechar o obturador da câmera, assim como Cornelius em seu autorretrato.

Depois de exposto, o negativo está sensibilizado, e não pode ter mais contato com nenhuma luminosidade, para não queimar. A etapa seguinte é revelar esse negativo. Ele precisa ser revelado em um laboratório fotográfico. Pode-se mandar fazer o processamento para revelação em laboratório fotográfico comercial. Se o negativo for em preto e branco, é possível montar um laboratório e fazer o processamento junto com os estudantes. Se for esse o caso, recomendamos seguir as instruções do PDF produzido pelo Instituto de Física da USP (capítulo 3 – *O processo químico de revelação*. Disponível em: <https://www.yumpu.com/pt/document/view/12761155/manual-de-fotografia-com-latas-usp>)[8].

Os exercícios deste projeto permitem que os estudantes se encarreguem, entre outras coisas, de medir o tempo e a luminosidade necessários para o registro – elementos que se perdem na prática digital, tão automática. Neste processo, a noção de imagem indicial alcança mais nuances, pois a fotografia não é algo dado, mas algo construído a partir das tentativas e erros dos processos óticos e químicos. O ato fotográfico também ganha relevância. Os estudantes poderão perceber com mais clareza a adequação necessária do mundo vivo para o olho mecânico da *máquina* fotográfica.

2. Os protocolos do retrato fotográfico
a) Análise dos vídeos *Poses do 19* e *Poses do 21*

Esta atividade tem como objetivo pensar com os estudantes sobre a presença de protocolos nas imagens fotográficas; a partir destes protocolos, pensar em como a cultura visual também se constrói historicamente e como a imagem indicial trabalha os seus léxicos, de forma análoga à linguagem escrita.

---

8 Algumas lojas que vendem os materiais e químicos necessários para esta atividade são: <http://www.chromur.com.br/>; <http://www.consigo.com.br/home.php>; <http://www.diafilme.com.br/>.

Interessa neste momento identificar a elaboração histórica da pose na fotografia, entendendo que o analógico e o digital têm procedimentos próprios. Os vídeos *Poses do 19* e *Poses do 21* são interessantes para uso em sala de aula, porque são construídos justamente a partir de uma sobreposição de imagens que dão uma melhor noção destes protocolos. As próprias subdivisões dos vídeos, tais como "Corpo e expressão", "Adornos" etc. – criadas a partir das fotos de Militão no primeiro vídeo, e reapropriadas a partir das fotos do Orkut no segundo – dão esta dimensão.

Um modo de trabalhar este conteúdo em sala de aula é dividir a sala em dois grupos e pedir que um trabalhe com o vídeo *Poses do 19* e o outro com *Poses do 21* – nos dois casos, procurando identificar os protocolos dos retratos que os vídeos explicitam. Pode ser sugerida a seguinte questão-guia:

- O vídeo [tanto *Poses do 19* quanto *Poses do 21*] é construído a partir da união em sequência de diversos retratos fotográficos. A partir de que critérios estas fotografias foram reunidas? Quais são as características que se repetem – ou protocolos – nos retratos fotográficos e que são explicitadas no vídeo?

Como vimos neste capítulo, no caso do *Poses do 19*, estes protocolos giram em torno da pose ereta, fixa, o apoio em uma coluna ou cadeira, os adornos cenográficos como fundos pintados, o chapéu, o guarda-chuva, o leque, a bolsa como adereços, entre outros. No caso do *Poses do 21*, os protocolos giram em torno da imagem feita a um braço de distância e muitas vezes no espelho, a pose vista de cima para baixo, a boca que faz um bico ou a língua para fora, a presença da câmera digital, o boné e óculos de sol como adereços, os usos da câmera digital por parte dos jovens dentro da própria fotografia vista etc.

Representantes de um dos grupos pode apresentar ao outro o resultado da análise dos protocolos dos retratos identificados nos respectivos vídeos.

Para completar a atividade, é interessante marcar as semelhanças e diferenças entre os protocolos do retrato fotográfico no século XIX e no XXI, como apresentados nos vídeos, marcando especialmente os procedimentos específicos do analógico e do digital. Esse mapeamento pode ser feito com a classe toda, em forma de debate. Dentre outros aspectos, podem ser colocadas as semelhanças quanto à existência de poses reiteradas – o retrato fotográfico é construído muitas vezes a partir da variação de alguns aspectos determinados, como a pose e os adereços representados nos vídeos; a utilização dos adereços como marcas de status. As diferenças dos protocolos nos vídeos deixam ver especialmente as diferenças entre a foto digital e a analógica – especialmente o braço de distância, característico do *selfie*, o autorretrato, o pressuposto dos meios digitais não só para a feitura da imagem, mas também para a circulação dela, principalmente através das mídias sociais.

b) O *Manual de photographia para amadores*

Nesta parte da atividade, sugerimos mostrar trechos do *Manual de photographia para amadores*, de 1896, que citamos no capítulo. Abaixo, destacamos um trecho que fala diretamente dos protocolos da pose fotográfica, como colocados também nos vídeos comentados:

> Colocar uma simples figura humana em pé de um modo gracioso e agradável, é uma das maiores dificuldades que o fotógrafo tem de vencer.
> Quando um homem vestido com as nossas roupas modernas se conserva de pé, as linhas dos braços e das pernas caem paralelas com o corpo; temos já feito notar mais acima o efeito desagradável destas linhas.
> Não é pouco fácil em um retrato vencer esta dificuldade, sem colocar o modelo em alguma ocupação ou situação característica.
> *Um soldado, por exemplo, pode apoiar-se sobre a sua espingarda, um pescador pode conservar a linha na mão, etc. Mas como a maior parte das pessoas que desejam ser representadas pela câmara escura, não podem ou não querem manifestar uma vocação ou ocupação particular, é melhor conservá-las sentadas.* (grifo nosso)
> Alguns bons efeitos serão certamente obtidos fotografando o modelo como se estivesse ocupado. O modelo pode ler, tocar um instrumento e examinar certos objetos; muito frequentemente será ainda muito melhor colocado se for reproduzido no momento em que acaba de praticar uma das múltiplas ações da vida ordinária.

Este texto, um documento de época, pode ajudar a aprofundar a reflexão sobre o retrato no século XIX. Os estudantes podem ser convidados a procurar nas imagens do vídeo *Poses do 19* as poses descritas no texto. Pode-se ainda pedir aos estudantes que reproduzam as poses sugeridas no trecho com suas câmeras digitais ou celulares.

A respeito do vídeo *Poses do 21*, seria interessante observar com os estudantes os usos da câmera digital por parte dos jovens do século XXI. Baseados no trecho do *Manual* do século XIX, pode-se pedir a eles que produzam um "manual para o fotógrafo amador" do século XXI. É possível partir da seguinte questão, por exemplo:

- O *Manual de photographia para amadores* é do século XIX, assim como as fotografias de Militão Azevedo mostradas no vídeo *Poses do 19*. Como seria escrito um parágrafo de um manual de fotografia hoje, que incluísse os protocolos de retratos presentes no vídeo *Poses do 21*?

3. Análise de texto e pesquisa no acervo familiar

Continuando a pensar a pose e os possíveis léxicos fotográficos, com este exercício pretendemos trazer mais para perto da realidade dos alunos a reflexão sobre os protocolos da imagem fotográfica. O professor pode consultar o trecho do texto de *Pequena história da fotografia*, de Walter Benjamin[9], em que ele conta sobre sua experiência pessoal de ter um álbum de fotografias em sua casa quando criança. A passagem está entre as páginas 97 e 98 do livro *Obras escolhidas. Magia e técnica, arte e política*. É uma passagem bastante bem-humorada, na qual ele conta sobre os locais em que estes álbuns fotográficos eram colocados nas casas burguesas, "nos lugares mais glaciais da casa, em consoles ou *guéridons*, na sala de visitas"; fala também sobre a aparência física dos álbuns, em sua materialidade, "grandes volumes encadernados em couro, com horríveis fechos de metal, e as páginas com margens douradas, com a espessura de um dedo". Benjamin comenta, dentro desse tom bem-humorado, sobre os ornamentos e as poses que costumavam habitar estes álbuns, como nesta deliciosa passagem: "para cúmulo da vergonha, nós mesmos,

---

9 Benjamim, Walter. Pequena história da fotografia. In: *Obras escolhidas. Magia e técnica, arte e política*. São Paulo: Brasiliense, 1996b. p. 97-98.

com uma fantasia alpina, cantando à tirolesa, agitando o chapéu contra as neves pintadas, ou como um elegante marinheiro, de pé, pernas entrecruzadas em posição de descanso, como convinha, recostado num pilar polido". Neste trecho, Benjamin comenta ainda sobre como os artifícios inventados pelos primeiros retratistas para burlar as limitações técnicas, como o apoio de cabeça e a coluna na qual os retratados podiam se apoiar, sobreviveram como adornos depois de superada a limitação técnica que os impunha. O autor afirma que "Os acessórios desses retratos, com seus pedestais, balaustradas e mesas ovais evocam o tempo em que, devido à longa duração da pose, os modelos precisavam ter pontos de apoio para ficarem imóveis". Mas logo estes mesmos adornos passaram a ser vistos então como incongruências. Benjamin cita um artigo inglês da década de 1860 que se coloca contra este tipo de adornos, que ele chama de "tolices". A reportagem citada pelo autor neste trecho diz: "Nos quadros pintados a coluna tem ainda um simulacro de probabilidade, mas o modo como ela é aplicada na fotografia é absurdo, porque ela se ergue em geral sobre um tapete. Ora, todos estão de acordo em que não é sobre um tapete que se constroem colunas de mármore ou de pedra"[10].

Recuperando no livro indicado esta divertida descrição de Benjamin, os estudantes poderão buscar álbuns fotográficos de sua família. Nestes álbuns, eles podem:

- localizar as datas das fotografias presentes nos álbuns – se são mais recentes ou mais antigas, se são fotografias feitas com câmeras digitais ou analógicas;
- identificar alguns usos destes álbuns encontrados;
- procurar se é possível identificar nas imagens dos álbuns alguns protocolos dos retratos fotográficos, já discutidos ou não – por exemplo, a pose fotográfica e seu ar um tanto ridículo tal qual notou Walter Benjamin.

Em conjunto, estas atividades didáticas trabalham com o que buscamos desenvolver neste capítulo. Falamos sobre o funcionamento do

10 Idem.

fotográfico, em especial sobre os desenvolvimentos técnicos em paralelo à criação de um ou vários olhares pautados por este fotográfico. Este caminho foi percorrido pela questão técnica, com a câmera caixote, passando pela formação de um novo sujeito social atrelado a essa nova imagem, e chegando inclusive nos desejos suscitados e animados por esta imagem. Na primeira fotografia, este desejo aparecia na vontade de se fazer representar, já na fotografia digital do mundo das mídias sociais, o desejo ligado à imagem fotográfica permanece, associado também à autorrepresentação e ao consumo. Nesse sentido, o tema se atualiza e ganha pertinência.

2. A CULTURA VISUAL E A MODERNIDADE

I. A cidade e a máquina

Nas cidades do fim do século XIX, uma grande e variada oferta de espetáculos visuais estava transformando seus habitantes e visitantes em espectadores. Não apenas o cinema, mas também as atrações das feiras, os shows de aberrações, os museus de cera, as exposições etnográficas, os coros de dançarinas, construíam determinados hábitos de ver. Foi se formando uma massa de espectadores que compartilhavam e buscavam esta cultura visual. No capítulo anterior vimos como a fotografia nascente impôs uma adequação do corpo à máquina a partir de suas prerrogativas técnicas. Já no próximo capítulo veremos como o mundo moderno passou a ser um mundo sobretudo mecânico, pautado pelo trem, pelo relógio, pelo cinema. Neste capítulo discutiremos como algumas questões centrais da vida moderna podem ser distinguidas nesta cultura visual: os padrões de atenção que a vida urbana e a sociedade industrial demandavam fazem parte da constituição destes hábitos de ver. Ao mesmo tempo, a presença marcante de um outro, seja o selvagem ou o exótico, foi trazida do mundo colonial para dentro das sociedades europeias e norte-americanas, mecanizadas e modernas, como um contraponto acima de tudo visual.

Em um texto publicado em 1927, o alemão Siegfried Krakauer chamou a atenção para como o entretenimento de massa incorporou de certo modo os processos mecânicos da linha de produção fordista. Segundo

Figura 2.1. Fotografia das *Tiller Girls* tirada em 21 de julho de 1897. Fonte: The Tiller Girls. <http://tillergirls.com/forums/topic/the-tiller-girls-july-21st-1897/>.

ele, "o ornamento da massa é o reflexo estético da racionalidade aspirada pelo sistema econômico dominante"[11].

Ele fez referência às *Tiller Girls*, grupo fundado em Manchester, Inglaterra, em 1890 por John Tiller (Figura 2.1). Este grupo de *chorus line* era constituído por dezenas de dançarinas alinhadas que realizavam coreografias sincronizadas. O espetáculo de dançarinas de *chorus line* nos cabarés era comum, mas as *Tiller Girls* tinham um diferencial, se apresentavam em grandes estádios: era um entretenimento de massa.

Para Krakauer, o movimento das pernas e braços das dançarinas, que se erguiam em perfeitas paralelas, não incluía o restante do corpo delas, em sua unidade orgânica. Eles seriam assim

---

[11] Krakauer, Siegfried. *O ornamento da massa*. São Paulo: Cosac Naify, 2009. p. 95.

Figura 2.2. Aquarela *In Vaudeville* (*dance with chorus*), feita em 1918 pelo pintor norte-americano Charles Demuth (1883-1935). Fonte: Philadelphia Museum of Art. <http://commons.wikimedia.org/wiki/File:Charles_Demuth,_American_-_In_Vaudeville_(Dancer_with_Chorus)_-_Google_Art_Project.jpg>.

análogos aos movimentos da linha de produção da indústria fordista. Assim como o espetáculo era ordenado como uma máquina viva, também os espectadores o assistiam em grandes estádios, com seus corpos parados, e sentados em fileiras ordenadas. O vivo se confundiria com o mecânico, e o mecânico com o vivo.

A Figura 2.2, uma aquarela de 1918, mostrando uma dança coreografada como atração de *vaudeville*, indica que a estética desta dança teve

Figura 2.3. Fotografia recente das *Rockettes* que ilustra uma coreografia sincronizada, nos padrões das *Tiller Girls*. Fonte: skvidal. <http://commons.wikimedia.org/wiki/File:Rockettes_2239922329_8e6ffd44de.jpg>.

impacto na cultura visual. Nesse sentido, a tradição destes grupos de dança se manteve com as *Rockettes*, grupo fundado nos Estados Unidos em 1925 e que se apresenta até hoje no Radio City Music Hall em Nova York. Na Figura 2.3 podem ser vistos os movimentos de precisão deste tipo de dança, que levaram Krakauer a interpretá-los como mecânicos. Curiosamente, e apoiando esta aproximação feita por Krakauer, Manchester – onde foram formadas as *Tiller Girls* – e Nova York – de onde vieram as *Rockettes* – são cidades que se industrializaram muito cedo.

O culto ao movimento e a educação do corpo conforme agenciada pela máquina e pelo processo fordista industrial ressurgiram no entretenimento de massas, em 1936, em *Tempos modernos* de Charles Chaplin (Figuras 2.4 e 2.5). Agora motivo de crítica cômica, a adequação do corpo à máquina chega mesmo ao ponto de fazer uma espécie de fusão entre o trabalhador e a engrenagem que ele deveria comandar, mas que por vezes o comanda.

O corpo do personagem de Chaplin reproduz os movimentos da máquina que ele deveria comandar, assim como o corpo de cada *Tiller Girl* reproduz uma parte da engrenagem de uma máquina, que deve funcionar em perfeita sincronização para o efeito desejado. Mas essa adequação do corpo não se limita ao espetáculo. Krakauer nos diz que ela se aplica também ao espectador. Sentar ordenadamente em silêncio por um período de tempo, seja em um estádio ou em uma sala de cinema, requer também uma educação corporal. O que esta determinada cultura visual demanda então é atenção. A questão da contenção dos movimentos na adequação do corpo à atenção é um problema que o professor conhece bem. Ela ganha relevância bem nesta passagem do século XIX para o XX.

A vida urbana moderna tornou fundamental a atenção devido ao surgimento de um número grande de informações sensoriais. A desatenção se tornou perigosa nas fábricas: os trabalhadores podem se machucar, como ilustrou a cena do filme de Chaplin em que, desastrado, ele cai dentro das engrenagens da grande máquina que opera. A desatenção com o tempo, com o relógio, pode levar ao atraso e algumas vezes à punição. A desatenção nas ruas das cidades, com trens e carros motorizados passando com velocidade, pode levar a um atropelamento. Ao mesmo tempo, o capitalismo passou a introduzir novos produtos, uns após os outros, ininterruptamente. A imprensa, os meios de comunicação e locomoção trouxeram novas formas de estímulos e informação, para as quais os moradores das cidades deveriam estar também atentos. A atenção dos indivíduos se tornou fundamental para que a sociedade fosse ordenada e produtiva. Mesmo hoje, a dificuldade em manter a atenção é tratada como um transtorno de saúde em crianças e adolescentes, sendo uma questão muito atual nas escolas. Neste sentido, ela é tratada como algo que faz parte da natureza das pessoas. O que estamos vendo, porém, é que sua importância é construída historicamente, e é inseparável tanto da vida social quanto da cultura visual na modernidade.

Figuras 2.4 e 2.5. Fotogramas do filme *Tempos modernos*, de Charles Chaplin, 1936. Fonte: Warner Home Video.

II. O exótico e o selvagem

Podemos encontrar um contraponto a esta estética da máquina no surgimento de um grande interesse pelo exótico e o selvagem, que ganhou força na segunda metade do século XIX na Europa e nos Estados Unidos. Este interesse era tanto científico quanto comercial, e a figura do selvagem foi utilizada tanto com a intenção de educar e informar quanto para entreter.

Habitantes de regiões afastadas da Europa foram levados para lá e estudados e exibidos como atrações itinerantes de circos e feiras, em exposições "antropozoológicas", pavilhões coloniais e museus anatômicos. Formou-se então um verdadeiro *teatro colonial*: o Reino Unido com a Índia, a França com a Argélia, Indochina e África negra, os Países Baixos com as Índias Holandesas, a Bélgica com o Congo, a Alemanha com Camarões e Togo, a Itália com a Etiópia, Portugal com Angola e Brasil, os Estados Unidos com seus povos indígenas, entre outros.

Esta exploração da ideia de *selvagem* construía a noção de que tais povos eram inferiores e, portanto, poderiam e deveriam ser colonizados. Foi também em um momento em que os Estados-nações se consolidavam e buscavam uma identidade própria. O "selvagem" serviu como um contraponto ao homem branco civilizado.

As exposições etnográficas tiveram grande sucesso de público. Produziram uma boa quantidade de material impresso e de imagens e impactaram a cultura visual moderna. Estes materiais circularam de diversos modos: através dos cartazes de propaganda das exibições, como a Figura 2.6, que anuncia o parque somali no Jardim Zoológico de Paris em 1890. Também por meio de vendedores ambulantes, que vendiam imagens impressas, e nos próprios locais das exposições, que comercializavam cartões-postais e outros suportes de imagens como *cartes de visite*. Outro modo de circulação foi através da nascente imprensa ilustrada, que repercutiu em muitos artigos dessas exibições. A partir dos primeiros momentos do século XX, os próprios visitantes as registravam por fotografia.

Também nesta época o cinema vivia seus primeiros momentos e registrou as exposições: já em 1894 espetáculos indígenas foram filmados.

Figura 2.6. Cartaz do Jardim Zoológico de Aclimatação de Paris, 1890. In: Blanchard, Pascal. *Exhibitions: l'invention du sauvage.* Paris: Actes Sud, 2011.

O cinegrafista da companhia de Thomas Edison, os irmãos Lumière e Étienne-Jules Marey fizeram filmes etnográficos nestes anos.

O selvagem neste caso não representava apenas uma ameaça, uma figura infantil ou animal. Ele também representava a inocência perdida ou um estado de natureza que se contrapunha aos rígidos controles corporais e mentais que a modernidade burguesa impunha aos habitantes das cidades. Assim como a visualidade baseada na indústria e na máquina, vista acima, esta baseada no selvagem e no exótico também constituiu uma cultura comum do olhar.

No Brasil, o selvagem e o exótico eram representados principalmente pelos índios e pelos negros. Sandra Sofia Machado Koutsoukos, no artigo "No estúdio do fotógrafo: Um estudo da (auto-)representação de negros livres e escravos no Brasil da segunda metade do século XIX"[12], fala sobre a representação fotográfica de negros no século XIX. Este artigo é interessante, pois apresenta dois lados, duas camadas possíveis de interpretação da imagem fotográfica: ao mesmo tempo em que o fotografado muitas vezes é submetido ao olhar preconceituoso e tratado como "exótico", ele também tem a possibilidade de se inventar, ou se reinventar enquanto sujeito social, ao se colocar na frente das lentes do fotógrafo.

Para exemplificar esta dupla ação da imagem fotográfica, Sandra mostra, por exemplo, uma fotografia feita por August Stahl, em meados de 1865, em que um escravo é fotografado de lado, sem camisa, na chave interpretativa do "exótico" (Figura 2.7); ao mesmo tempo, analisa o retrato de um casal de negros livres, feito no estúdio de Militão Augusto de Azevedo em 1879, que traz muitos dos elementos de adorno e pose comentados no capítulo anterior – símbolos de distinção e emblemas de status (a Figura 2.8). Ela fala o seguinte sobre as imagens:

> O fotógrafo do "exótico" optou por retratar o modelo em plano americano e fazer uso de um fundo liso para ressaltar e valorizar a imagem do cativo de tronco nu; e este se deu a ver, foi o sujeito do retrato, conseguiu mostrar o que era: sem dúvida, um escravo, com um olhar cheio de dignidade e um rosto impressionante, marcado não só pelas cicatrizes de sua etnia africana, mas pela humilhação, pela dor e, quem sabe, por quantas saudades. Se o corpo do escravo era uma propriedade, sua personalidade não era. Mais uma história triste, no meio de tantas outras; mais um pedaço da nossa história. Mais uma foto tirada como registro do "exótico", como documento etnográfico. (...)
>
> É o retrato de um casal de negros livres, que tentava "trilhar" seu caminho dentro daquela sociedade branca, exigente e racista. O casal fez-se fotografar como os casais brancos da sociedade, vestidos e penteados à moda europeia. A mulher exibe a sua sombrinha e o homem o seu chapéu e, mais, ele adiantou um pouco o pé esquerdo e mostra, como quem não quer nada, seu sapato de pessoa livre. Nada na sua roupa ou penteado os liga à sua origem africana; a única coisa que nos re-

---

12 O artigo de Sandra S. M. Koutsoukos está disponível em: <http://www.studium.iar.unicamp.br/nove/6.html>.

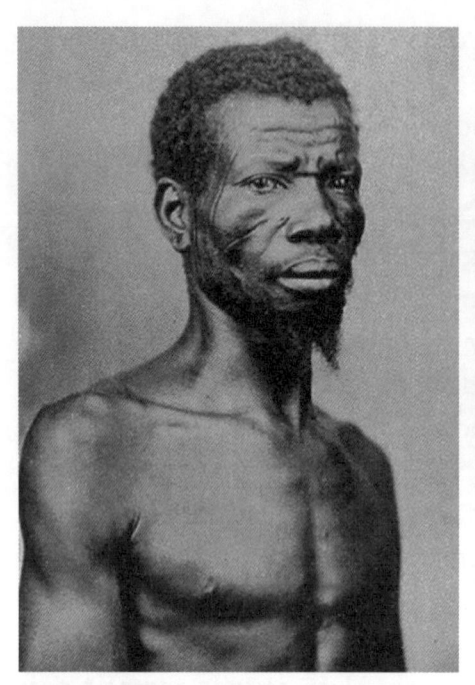

Figura 2.7. Retrato de um escravo, feito por August Stahl, c. 1865. Fonte: Mauad, Ana Maria, "Imagem e autoimagem no Segundo Reinado", em Alencastro, Luiz Felipe de (org.), *História da vida privada no Brasil 2* – Império: a corte e a modernidade nacional, São Paulo: Cia. das Letras, 1997.

Figura 2.8. Retrato de um casal de negros livres, feito por Militão Augusto de Azevedo em 1879. Fonte: Mauad, Ana Maria. "Imagem e auto-imagem no Segundo Reinado", em Alencastro, Luiz Felipe de (org.), *História da vida privada no Brasil 2* – Império: a corte e a modernidade nacional, São Paulo: Cia. das Letras, 1997.

mete à sua origem, que os "denuncia", é a sua cor. Não tenho indicação se as roupas lhes pertenciam. É possível que não. Muitos estúdios possuíam vestes para emprestar aos clientes; vestes que bem lhes serviriam, assim como os outros recursos da ambientação escolhida, para se fazer perenizar demonstrando abastança e/ou dignidade (Koutsoukos, Sandra. *No estúdio do fotógrafo*: um estudo de (auto)representação de negros livres e escravos da segunda metade do século XIX. Disponível em: <http://www.studium.iar.unicamp.br/nove/6.html>).

III. O discurso do selvagem e do científico na fotografia

O apelo do selvagem tinha algumas vezes também um caráter científico. A antropologia estava nascendo naquele momento, e a imagem técnica foi utilizada como instrumento de conhecimento. Nos laboratórios antropológicos e etnográficos a fotografia foi, em meados do século XIX, acrescentada às coleções de esqueletos e crânios, de órgãos internos preservados, de moldes em gesso dos corpos, de desenhos e aquarelas. Os ossos eram traços materiais dos corpos, os moldes eram impressões, e os desenhos, representações. Já a fotografia tinha o caráter duplo de representação e traço indicial da vida, das pessoas que estavam sendo estudadas. Mas, como veremos mais adiante, isso nem sempre significou uma visão direta ou imparcial.

Em 1844, dois índios botocudos, um homem e uma mulher, foram levados do Brasil para Paris. Eles ficaram lá alguns meses e apareceram bastante em reportagens da imprensa, que chegou a lhes dar nomes europeus: Manuel e Maria. Os antropólogos do Museu Nacional de História Natural de Paris se interessaram por eles. O pintor do museu fez seus retratos em aquarela. No laboratório de antropologia fizeram moldes de seus rostos e corpos. O fotógrafo E. Thiesson fez retratos deles em daguerreótipo, que estão hoje guardados na *photothèque* do Museu do Homem também em Paris (Figuras 2.9 a 2.13).

O historiador Marco Morel, no artigo "Imagens aprisionadas e resistência indígena: os daguerreótipos de 1844", fala sobre estas fotografias, fazendo uma análise das imagens. Ele começa dando elementos históricos e contextuais sobre as imagens em si, sobre quem as possui e sobre quem as tirou e quem posou para elas. Todos esses elementos externos às fotografias. Em seguida, ele se detém no que as imagens dizem. Como poderemos perceber, na parte de seu texto, reproduzido abaixo, há elementos de descrição e de interpretação destes daguerreótipos:

> Tais fotografias, interpretadas, trazem à tona aspectos interessantes – objetivos e subjetivos. Mesmo sem palavras, elas apresentam elementos para compor uma narrativa. Os sentimentos e dores que não cabiam nos parâmetros do discurso científico ressaltam destas imagens mudas, sem palavras escritas. As fotos indicam algumas pistas, digamos, materiais. O corte de cabelo, colar, botoque e furo no lábio apontam identidade étnica, e que eles nasceram nas selvas. Numa visão de conjunto impressiona o ar de melancolia e abatimento: o pano no colo camufla a nudez. O local equivalia a um estúdio, onde as pessoas fotografadas são enquadradas

em determinada composição visual. E nada de cenários exóticos, palmeiras ou vegetação tropical – a intenção era o olhar científico, rigoroso, implacável.

A mulher fotografada encara o interlocutor (até hoje): olha sem rodeios para o aparelho (e para tudo que está por trás dele), mãos cruzadas placidamente no colo. Jovem, é uma "Gioconda" dos trópicos, a nos desafiar com expressão enigmática, contundente e até meiga. Diante do naufrágio de sua vida e de sua coletividade, ela parece reunir sofrimento, solidão e colocá-los, oferenda, na expressão eternizada na imagem. O rapaz, ainda mais jovem, um adolescente, magro, ossos do tórax aparecendo, guarda certo vigor físico, de quem era musculoso mas emagreceu. Embora de frente, mantém pálpebras semicerradas no momento da foto, o que lhe dá aparência esquiva. Ainda preserva certa altivez, quase apagada num rosto endurecido pela raiva muda e impotente, talhado em pedra e desolação. As manchas na pele (face e braço direitos) indicam que estava doente. A imagem de perfil, pescoço virado bruscamente, dá a impressão de que oferece a cara a tapa, como para evidenciar a violência que sofria.

O clima de curiosidade em torno destes índios expressava significativa mistura de espetáculo atraente e seriedade científica: a tênue fronteira entre o exato e o exótico. De certa forma eram tratados como animais selvagens que precisavam ser melhor conhecidos. O primeiro gorila "descoberto" pelos europeus na África em 1840 causara sensação... E até princípio do século XX o Jardin d'Aclimatation, um dos parques zoológicos de Paris, ostentava entre suas atrações "aborígenes" africanos e australianos com trajes típicos em cercados que reproduziam seus modos de vida originais.

Mais do que registro neutro ou "real", estes daguerreótipos trazem uma carga civilizatória. Mesmo que a intenção dos detentores das imagens fosse fazer estudos "raciais", as expressões e condições de vida desses índios, registradas pelas fotografias, são também significativas. Abandonando a situação de cobaias, esses índios se expressaram. Como se os objetos fotografados se apropriassem da imagem e subvertessem seu significado, criando outros discursos não verbalizados que transcendiam o movimento de fixação, conhecimento e controle contido no ato de fotografar. À sua maneira, esses índios posaram, responderam com seu corpo tudo aquilo que não aparecia nas suas vozes: elaboraram seu discurso, contaram sua história, ainda que sem palavras (Morel, Marco. Imagens aprisionadas e resistência indígena: os daguerreótipos de 1844. *Revista Studium*, n. 10, 2002. Disponível em: <http://www.studium.iar.unicamp.br/10/7.html>).

O texto traz uma proposição, a de que as imagens também contam uma história, mas sem palavras. Que um olho arguto pode retirar delas uma narrativa. Parte fundamental do estudo da cultura visual consiste em ser capaz de se defrontar com imagens e compreender o que elas comunicam. O texto faz também referência à dupla potencialidade da

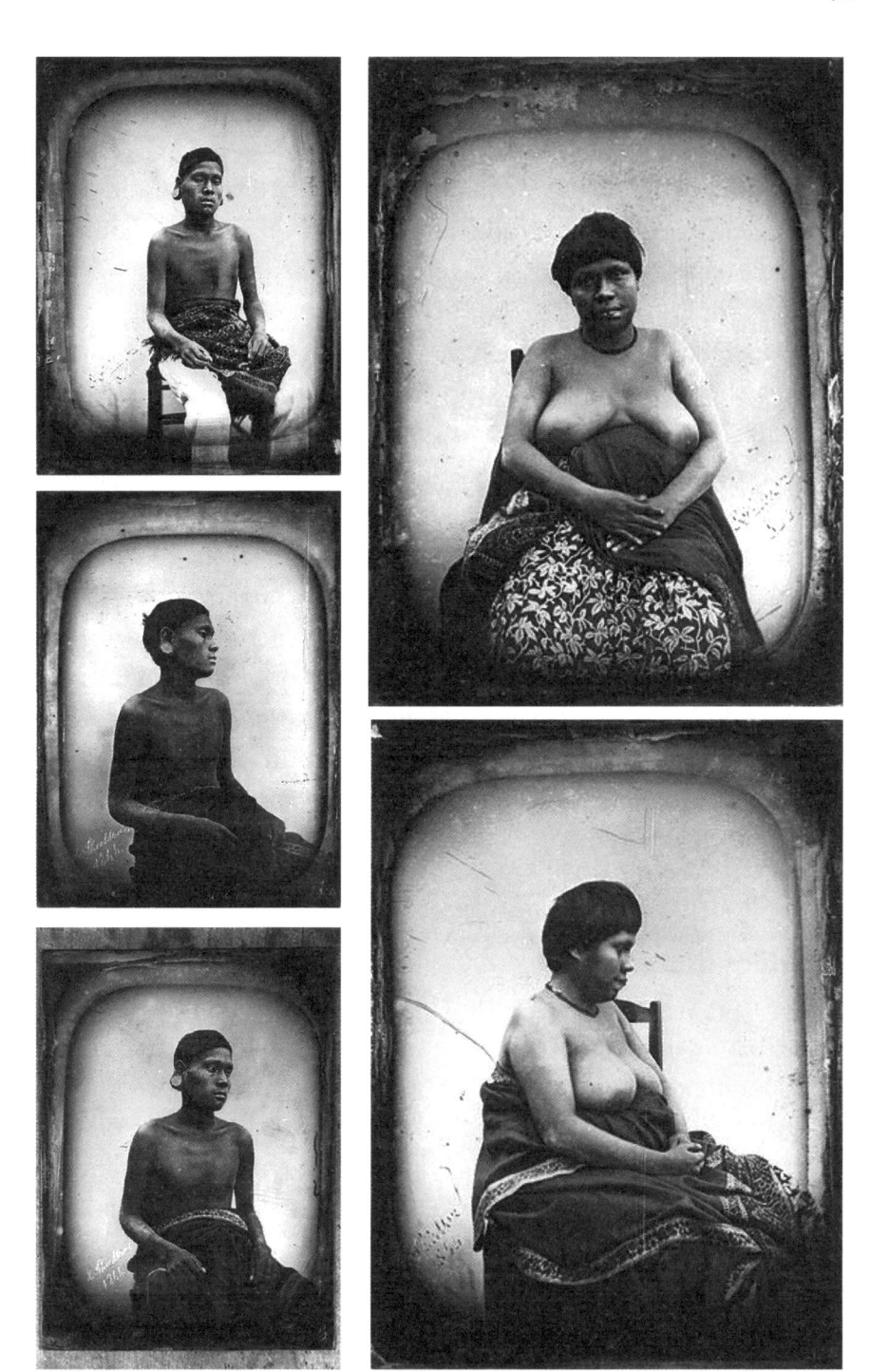

Figuras 2.9 a 2.13. Daguerreótipos de índios botocudos feitos por E. Thiesson para o Museu Nacional de História Natural de Paris, 1844.

imagem fotográfica colocada por Sandra Koutsoukos, quando tratou da representação e autorepresentação de negros no Brasil do século XIX. Ela cita uma passagem fundamental do livro *A câmara clara*, de Roland Barthes: "Diante da objetiva, sou ao mesmo tempo: aquele que eu me julgo, aquele que eu gostaria que me julgassem, aquele que o fotógrafo me julga e aquele de que ele se serve para exibir sua arte".

Como vimos, o texto de Morel apresenta elementos descritivos, olha para as imagens e diz o que pode ser visto nelas. Mas o texto reproduzido acima não se limita a apenas descrevê-las. Há também elementos de interpretação destas imagens, uma segunda etapa na leitura delas. Esta segunda etapa ainda não extrapola os elementos fornecidos pela imagem, mas é um passo além da pura descrição. A partir destes elementos, o autor do texto elabora algumas conclusões compatíveis com o que as imagens mostram. O autor do texto chega a fazer algumas análises que ultrapassam o que está contido nelas, mas se mantendo longe de interpretações anacrônicas. O autor trabalha, portanto, em diversas camadas de análise destas imagens: a pura descrição; a interpretação; a colocação destas imagens em relação com outras e com outras informações relevantes. Estas camadas serão retomadas em proposta de atividade didática ao final do capítulo.

IV. Cartões-postais

A partir da metade do século XIX, os meios de produção industrial se desenvolveram, como vimos, assim como a produção de informação, e surgiu a imprensa de massa. O desenvolvimento do transporte com as ferrovias possibilitou maior rapidez na circulação não só de pessoas, mas também de informação. Houve um aumento na taxa de alfabetização, que ajudou a tornar o jornal ilustrado parte da vida cotidiana das pessoas, introduzindo uma maior presença de imagens neste cotidiano. Do mesmo modo, os cartazes ilustrados começaram a povoar as cidades, com a evolução das técnicas de impressão. Assim como os jornais ilustrados, os cartazes combinavam texto e imagem. Mas os cartazes deviam ser breves e diretos, porque os moradores das cidades que iam apres-

Figura 2.14. Cartão-postal da Exposição Colonial de Paris, de 1931, com dançarinas de Bali. Fonte: Editions Braun. <http://commons.wikimedia.org/wiki/File:Expo_1931_Bali.jpg>.

sados para o trabalho na fábrica só tinham poucos segundos para observá-los. Eles deviam ser capazes de capturar a rara e preciosa atenção dos passantes.

Um terceiro modo de introdução de imagens no cotidiano das pessoas, característico da modernidade, foi o cartão-postal. Os processos de impressão que foram aperfeiçoados permitiram uma produção em grande escala destes cartões. A era de consumo que começava contou com uma verdadeira indústria que se formou a partir deles. O desenvolvimento dos transportes permitiu que fossem enviados dos mais diversos cantos do mundo pelos correios.

O cartão-postal foi inventado em 1869, mas se transformou em suvenir cotidiano e objeto de colecionadores por volta de 1890. Viveu sua época de ouro entre 1890 e 1920. O selvagem e o exótico eram temas comuns, tanto para turistas que viajavam para outros países, quanto como souvenir das exposições etnográficas. Os cartões-postais feitos a partir de fotografias eram traços do que foi visto, representavam autenticidade, recordavam as sensações vividas.

V. Os cartões e as imagens que funcionam como símbolos de reconhecimento e alteridade

O Cedae da Unicamp guarda uma coleção de 330 cartões-postais japoneses dos últimos anos do século XIX e princípios do século XX[13]. A seguir reproduzimos alguns destes cartões representando os principais temas tratados na coleção, priorizando os que são feitos a partir de fotografias. A maioria é de fotografias em preto e branco, coloridas uma a uma por aquarela. Os cartões têm a particularidade desta união de culturas, da reprodução mecânica e da tradição artesanal. Podemos percorrer este corpo de imagens.

Luiz Dantas apresenta estes cartões desta maneira:

> São na maioria fotografias em preto e branco, ou ilustrações gravadas, coloridas posteriormente à mão por meio da aquarela. Combinam assim uma técnica de reprodução mecânica, em escala razoavelmente grande, e um trabalho artesanal, praticado sobre cada uma das imagens. (...) Alguns pontos de referência históricos permitirão que se compreenda esse processo de assimilação. Em 1853, o prolongado isolacionismo japonês foi interrompido quando uma frota de guerra americana, conduzida pelo Comodoro Perry, impôs a abertura dos portos em benefício da marinha mercante dos EUA e uma subsequente assinatura de tratados de comércio. Dessa primeira visita dissuasiva datam as primeiras imagens mecânicas do Japão, feitas por meio do daguerreótipo. Nos anos seguintes, e em particular a partir de 1860, em virtude da ampliação dos contatos com as grandes nações industriais e do próprio processo de transformação do Japão feudal em potência moderna, surgem os primeiros estúdios fotográficos. Estão nas mãos dos europeus, em geral, e voltam-se para a documentação dos aspectos mais originais dos costumes e da paisagem, atingindo muitas vezes alto padrão artístico. É uma indústria relacionada diretamente com a circulação dos turistas e visitantes, ou com uma solicitação de ordem cultural, representada, no Ocidente, por todos aqueles que se interessam de forma crescente e apaixonada pelos costumes e artes do Extremo Oriente. A partir desses anos, o desenvolvimento da fotografia no Japão, e o domínio dessa técnica pelos próprios japoneses, corresponderá, de modo paralelo, ao declínio de uma arte autenticamente japonesa, e popular, a da xilogravura em cores. (...) Os artesãos que respondiam pelo processo sistemático de colorir à mão as fotografias, mesmo as produzidas em grande série, como os cartões-postais, procedem dos grandes ateliês japoneses da gravura. Esse fenômeno de reciclagem, de substitui-

---

13 Os cartões da coleção do Cedae estão digitalizados no site do Centro: <http://.www3.iel.unicamp.br/cedae/guia.php?view=details&id=6f4922f45568161a8cdf4ad2299f6d23>.

ção de uma técnica tradicional por outra, de natureza industrial, explica com certeza a qualidade excepcional do trabalho do colorista, e a sua originalidade. Como se pode ver nas imagens à nossa volta, não se trata de tornar mais realista a fotografia em preto e branco, utilizando um procedimento ilusionista. As cores, aplicadas de forma estudada, às vezes um único detalhe, são altamente estilizadas, revelam um senso estético muito seguro, só explicável dentro de uma tradição com raízes próprias e ainda vigorosas. Também chama a atenção nessas fotografias um equivalente sentido da composição, que estrutura ou recorta a imagem não de uma forma "natural", mas segundo o seu sofisticado sistema de convenções estéticas (Dantas, Luiz. Apresentação. Postais japoneses. *Revista Studium*, n. 4. Disponível em: <http://www.studium.iar.unicamp.br/quatro/5.htm>).

Em seu processo de feitura, estes cartões trazem assim uma mistura interessante entre a tradição artística japonesa e a nova imagem que era a fotografia. A mesma coisa acontece com a composição e a estética das imagens, que, como indica o texto acima, estariam relacionadas com uma tradição visual anterior. Sobre a temática das imagens, olhando com cuidado a série de cartões-postais japoneses acima, podemos ver que alguns temas se repetem: as representações de um cotidiano tipificado, tipos humanos, arquitetura, paisagens turísticas e eventos históricos.

Os cartões-postais são, em geral, imagens idealizadas, posadas, construídas. São pensadas para agradar a alguém – os compradores – e para passar alguma mensagem – nesse caso, uma prova e representação da visita ao Japão. Assim sendo, elas por vezes se baseiam em aspectos tipificados do que seria o país ou os seus habitantes. Quando pensamos na França, pensamos na Torre Eiffel e em uma pessoa com uma boina carregando uma *baguette* embaixo do braço. Quando pensamos no Egito, pensamos nas pirâmides e em um homem com lenço árabe montado em um camelo. Não por acaso, os próprios lugares ou monumentos, como a Torre Eiffel, as pirâmides, o Coliseu, o Cristo Redentor, passaram a ser denominados como cartões-postais da França, Egito, Itália, Brasil. Cartão-postal aqui se tornou sinônimo de uma cena imediatamente reconhecível de algum lugar. No caso destes cartões japoneses, o Monte Fuji é um desses marcos, assim como a arquitetura tradicional, as mulheres vestidas com trajes típicos e os homens em situações e cenários de guerra.

As mulheres que aparecem nestes cartões-postais, por exemplo na Figura 2.15, estão retratadas não como indivíduos, mas como tipos humanos. Carregam adereços que indicam uma ocupação ou situação, suas vestimentas e adornos, as poses, os cenários e os objetos retratados são representantes de um exótico. São elementos que compunham o imaginário europeu sobre o Japão. Alguns dos retratos possuem um fundo pintado. A sensação de alteridade, de um *outro* que é representado, é reforçada por estes adereços.

Alguns dos cartões mostram construções e vistas urbanas de marcos arquitetônicos ou turísticos e de paisagens turísticas, por exemplo, o Monte Fuji (Figura 2.16). Com o impacto da melhora dos meios de comunicação e de transporte, o turismo foi um dos fenômenos da passagem do século XIX para o XX. A maior possibilidade de viajar e um certo alargamento do mundo europeu colonialista, foram criando uma indústria do turismo. O cartão-postal carrega traços de quem o envia, para quem ele é endereçado, e por vezes uma mensagem. No caso dos cartões acima, que são imagens indiciais, eles carregam também traços dos locais visitados. Para os europeus de fins dos Oitocentos, eles faziam uma união fundamental: serviam como um modo de diversão e de aprendizado, através da visão. Significaram um modo de entrada do visual no cotidiano bastante eficaz.

VI. A imagem técnica e os eventos históricos

Na série mencionada acima há também cartões-postais de eventos históricos, como a Batalha de Port Arthur, na Manchúria, que iniciou a Guerra Russo-Japonesa (1904-1905). As fotografias de soldados e armamentos militares mostram um evento real, e neste sentido têm proximidade com a imprensa ilustrada (Figuras 2.17 e 2.18). A venda deste tipo de imagens não era novidade. Durante a Comuna de Paris, em 1871, e logo após seu término, portfólios, *cartes de visite* e cartões-postais que mostravam a destruição da cidade, reencenações das batalhas, e até os mortos, foram vendidos em quantidade.

Figura 2.15. Jovens japonesas de costas. Reprodução fotomecânica sobrepintada, p&b, 14 x 9 cm. Anterior a 1903. Fonte: Cedae Unicamp.
Figura 2.16. Monte Fuji visto do lago Hakone. Fotografia sobrepintada, p&b, 9 x 14 cm. Anterior a 1914. Fonte: Cedae/Unicamp.
Figura 2.17. Baterias russas tomadas pelos japoneses após a batalha de Yalou. Reprodução fotomecânica, p&b, 9 x 13,5 cm. Entre 1904-1905. Fonte: Cedae/Unicamp.
Figura 2.18. Prisão de um espião. Reprodução de cena do filme *La Défense de Port Arthur* por Alterocca di Terni-Cinématographe Pathé. Reprodução fotomecânica, p&b, 9 x 14 cm. 1904. Fonte: Cedae/ Unicamp.

Assim como o jornal ilustrado, o cartão-postal também se incumbiu de divulgar as *atualidades* da época. Segundo Jeannene Przyblyski[14], o que se esperava destas *atualidades* era que "exibissem pedaços do 'real', que operassem de modo fragmentário e como relíquias, com uma reivindicação metonímica de autenticidade". O interesse visual pelos eventos históricos é então bastante próximo da cultura do turismo que nascia. Após a Comuna de Paris, assim como após a Batalha de Port Arthur, aqueles lugares se tornaram lugares de visita turística. Memórias dos eventos foram exploradas comercialmente através das imagens fotográficas e do cinema, que funcionavam como *relíquias* destes acontecimentos.

O último cartão-postal reproduzido nesta série é uma fotografia da reencenação da Batalha

---

14 Imagens (co)moventes: fotografia, narrativa e a Comuna de Paris de 1871. In: Charney, Leo; Schwartz, Vanessa (orgs.). *O cinema e a invenção da vida moderna*. São Paulo: Cosac Naify, 2010.

de Port Arthur, que foi feita para um filme francês, *La Défense de Port Arthur* (Figura 2.18). O cartão-postal e o cinematógrafo ganharam força e reconhecimento no mesmo período, entre 1885 e 1895. Tanto um quanto o outro compartilham de uma visualidade, de uma linguagem visual. Ambos impõem condições de representação. Fazem parte de uma cultura do olhar que está sendo compartilhada no mundo ocidental e que está também transformando este mundo. Na imprensa ilustrada, no cartão-postal, no cinema, o outro se torna reconhecível, e mesmo real, porque é captado em imagens. Da mesma forma, o próprio evento histórico parece começar a se constituir através da imagem técnica.

O filme *A conquista da honra*, dirigido por Clint Eastwood em 2006, mostra a participação da imagem indicial, no caso uma fotografia, na construção de uma memória sobre a Segunda Guerra Mundial e, no limite, a própria invenção do evento.

O veterano diretor e ator Clint Eastwood (1930-) começou sua carreira em Hollywood fazendo filmes de faroeste nos anos 1960, e logo os seus personagens no cinema o tornaram um símbolo de masculinidade. Em 1971 ele passou também a dirigir filmes em Hollywood. Antes de trabalhar em Hollywood, Eastwood serviu o exército norte-americano, e alguns de seus filmes remetem a experiências militares. *A conquista da honra* foi feito em conjunto com outro filme dirigido por ele, e lançado em seguida, *Cartas de Iwo Jima*, que conta a história da mesma batalha retratada no filme anterior, mas desta vez pela visão dos japoneses, inimigos dos americanos. *A conquista da honra* é baseado no livro de mesmo nome, de autoria de James Bradley e Ron Powers. Ele conta a história verídica de cinco soldados norte-americanos que, em 1945, foram fotografados erguendo uma bandeira de seu país na ilha japonesa de Iwo Jima, durante uma batalha especialmente cruel da Segunda Guerra Mundial.

A batalha ainda estava no começo, e alguns soldados colocaram uma bandeira no topo de um monte recém-conquistado, causando bastante comoção entre os soldados que lá lutavam. O comandante do exército no local assistiu à comoção e pediu aquela bandeira; os soldados retiraram o primeiro mastro e hastearam uma segunda. Apesar de ter sido uma ação de rotina, o fotógrafo do exército Joe Rosenthal estava por perto quando a segunda bandeira foi colocada, e fotografou o levantamento do mastro. Esta foto, entendida até pelo fotógrafo como corriqueira, acabou ganhando uma enorme repercussão. Ela foi escolhida pelo departamento de propaganda dos Estados Unidos e impressa em jornais, revistas ilustradas, cartazes, cartões-postais, reencenada em espetáculos e até transformada em esculturas e suvenires.

A conquista da honra, por meio de *flashbacks*, acompanha a vida de alguns dos soldados que ergueram a primeira ou a segunda bandeira, desde quando ainda se preparavam para entrar em ação, durante a batalha sangrenta, até depois, quando três dos sobreviventes foram levados de volta para os EUA. Transformados em heróis de guerra, foram levados a viajar o país para venderem bônus de guerra às custas da fama da fotografia de Rosenthal.

Ao mesmo tempo que acompanhamos estes soldados, podemos também ver como esta fotografia foi ganhando outros significados, bem mais amplos, do que puramente o retrato do momento em que foi feita. Ao final, ao invés de apenas mostrar um momento no início de uma longa batalha, de uma segunda bandeira em uma determinada ilha no Japão, a fotografia passou a simbolizar todo o esforço de guerra norte-americano, idealmente um trabalho de união e vitorioso.

As características da fotografia permitiram esta ampliação de significado: ela não mostra o rosto dos soldados, eles são vistos de longe, de costas, encobertos por seus colegas ou pelos capacetes. Ela também não mostra um lugar facilmente reconhecível, apenas um terreno com pedras e galhos. Nesse sentido, aqueles homens erguendo a bandeira simbolizaram, para as famílias norte-americanas, todos os soldados que se uniram em nome de um bem comum, a vitória.

Os shows, jantares e comícios que eles faziam mobilizaram a opinião pública, venderam bônus de guerra e levantaram o ânimo da população norte-americana em relação à longa duração da guerra. No entanto, a história que é sempre repetida, e que as pessoas leem na fotografia, não combina com a realidade: a fotografia não mostra o evento real do hasteamento da bandeira, mas sim sua substituição; um dos soldados que faz o *tour*

Figura 2.19. Cartaz do filme *A conquista da honra*, com a reprodução da fotografia de Joe Rosenthal. Fonte: Divulgação Warner Bros.

publicitário não estava no hasteamento fotografado, mas sim no outro; por fim, o momento fotografado não representa uma vitória, já que a batalha estava apenas começando. No limite, o modo com que a fotografia de Rosenthal foi publicizada e lida por milhões de pessoas é uma invenção de um evento que não existiu realmente. É uma memória criada, mas que ganha realidade porque aparece em uma imagem.

Esta invenção do real da qual a imagem técnica participa foi notada por Siegfried Krakauer em 1927, quando as revistas ilustradas começavam a impulsionar o fotojornalismo. Ele publicou no jornal *Frankfurter Zeitung* um artigo chamado "A fotografia", em que reflete sobre a onipresença das lentes das câmeras e da imagem fotográfica. Segundo ele, a abundância de imagens na vida cotidiana teria uma ação direta na vida e no intelecto humano. O mundo só existiria quando fotografado. Não existiria então uma experiência legítima do mundo, apenas uma contestável informação sobre os eventos do presente. A vida seria assim uma sucessão de atualidades representadas em imagens.

Hoje já não enviamos tantos cartões-postais como na virada do Oitocentos para o Novecentos, e a época de ouro das revistas ilustradas já passou, mas enviamos e recebemos mensagens e imagens cotidianamente por meio da internet e das redes sociais, Instagram, Facebook, Twitter etc. Podemos pensar se agora, como antes, a imagem técnica – a fotografia, o cinema – ainda possui essa capacidade de invenção do real. De estabelecer os padrões, tanto do normal quanto da exceção, ou seja, tanto do *eu* quanto do *outro*. De engendrar esta cultura comum do olhar, que tanto constrói socialmente uma visualidade, quanto agencia visualmente uma esfera do social desde a modernidade e que definimos como cultura visual.

ATIVIDADES DIDÁTICAS

1. Interpretação de imagem e texto

Em sala de aula, propomos exercitar a leitura das imagens e do texto de Marco Morel reproduzidos no item III. É importante que o professor ajude os estudantes a identificar e depois analisar os diferentes elementos que compõem os cinco daguerreótipos, diferenciando descrição de interpretação.

Depois que os estudantes observam as imagens por um momento, o professor então pode perguntar:

- *O que vemos nesta imagem?*

    Nesse primeiro momento levantam-se apenas os elementos visíveis, sem interpretação nenhuma. Mesmo que pareça óbvio, esses elementos serão trabalhados posteriormente. As respostas para a pergunta acima compreendem: o fato de serem imagens fotográficas; as fotografias serem feitas de frente e em perfil; o corte de cabelo e os adereços que usam; a ausência de fundo ou de outros ornamentos e cenários; a presença dos tecidos claramente não indígenas cobrindo determinada parte de seus corpos.

    Estes são elementos descritivos, olhamos para as imagens e dizemos o que vemos nelas. Uma segunda camada de análise, que também consta do texto de Morel, traz elementos de interpretação destas imagens. Esta segunda etapa ainda não extrapola os elementos fornecidos pela imagem, mas é um passo além da pura descrição.

Neste segundo momento, propomos levantar junto com os estudantes elementos interpretativos a partir das fotografias, e também buscá-los no texto de Morel. Pode-se perguntar aos estudantes:

- *A partir dos elementos visíveis nas imagens, que levantamos anteriormente, e a partir da leitura que Morel faz, que tipo de interpre-*

tação podemos fazer sobre elas? A que conclusões podemos chegar a partir destes elementos? O que as imagens significam?

Agora os estudantes podem ser desafiados a saírem apenas do que está visível nas imagens, tomar um passo para fora delas, e fazer uma interpretação destes elementos – sem, no entanto, fugir do assunto. As interpretações levantadas neste momento podem mencionar: o uso deste tipo de imagem (indicial) e não de outro, por exemplo, o desenho ou a aquarela, significa uma busca da pretensa exatidão da imagem indicial; a busca de exatidão científica é indicada pela falta de um fundo e ornamentos cenográficos nos retratos; e a presença dos tecidos que cobrem a nudez, elementos claramente europeus, indica que se quer uma exatidão mas até certo ponto.

No texto de Morel, a partir destes elementos, o autor elabora algumas conclusões compatíveis com o que as imagens mostram. As imagens são fotográficas, portanto indiciais, e são feitas de frente e de perfil, sem fundo ou adornos de estúdio. Morel afirma que existiu, portanto, a intenção de uma precisão científica no registro. Por outro lado, essa precisão é deixada de lado quando os botocudos são cobertos da cintura para baixo com tecidos claramente europeus. Ou seja, um certo nível de nudez é permitido, para indicar que são selvagens – mas a nudez total não. Existe assim uma manipulação da pose para fazer com que estes retratados fiquem adequados à ideia europeia do que é ser um selvagem, um índio brasileiro. Daí o autor poder concluir que estas fotografias não são apenas tentativas de captar uma realidade, mas também representam um processo civilizatório.

Durante este exercício, é importante procurarmos não julgar as imagens de forma anacrônica. O autor do texto chega a fazer algumas análises que ultrapassam o que está contido nelas – por exemplo, sobre os sentimentos dos dois índios botocudos, sua solidão e tristeza. Se for o caso, em um momento posterior, os estudantes podem identificar estes julgamentos externos no texto também e procurar seus indícios dentro das imagens.

2. Cartões-postais: pesquisa, interpretação e criação

Nesta atividade trabalhamos com a acessibilidade dos cartões-postais enquanto imagens que são feitas para circular e para comunicar, rememorar, evocar. Por exemplo, como foi trabalhado no item V deste capítulo, podemos citar os cartões-postais japoneses. Em sua materialidade, eles incorporam a história da forçada abertura do Japão para o Ocidente, na medida em que deixam visível o encontro entre um tipo de imagem tradicional e antigo com a nova imagem fotográfica. Eles trazem também ao mesmo tempo um olhar tradicional sobre o Japão e o que seriam as características de uma *niponidade*, que deveriam evocar para o destinatário do cartão-postal aquele país, os seus habitantes, os seus atributos etc. Todas essas questões ajudam a pensar a imagem fotográfica como catalisador de uma memória e, inclusive, até como uma construtora de memória. Assim, pode-se indicar para os estudantes a leitura do artigo de Luiz Dantas, publicado na *Revista Studium* n. 5 (disponível em <http://www.studium.iar.unicamp.br/quatro/5.htm>) e que é acompanhado de uma série destes cartões digitalizada.

Em seguida, os estudantes podem ser solicitados a buscar cartões-postais em casa, em bancas de revista, na internet, em bibliotecas e coleções. Eles podem montar uma coleção com estes cartões ou com cópias dos cartões, se os originais não estiverem disponíveis. Em grupos, eles devem considerem as imagens contempladas e sua seleção a partir das seguintes questões-chave:

- *Que tipo de imagem é (desenho, fotografia, colorido, preto e branco etc.)? Que lugar/evento ele mostra/evoca? Quais elementos e estratégias visuais sugerem isto?*

Apresentamos abaixo um exemplo de resposta, a partir do cartão-postal de "jovens japonesas", da coleção do Cedae/Unicamp, a Figura 2.15.

> Este cartão-postal é uma imagem fotográfica em preto e branco, que foi colorida manualmente. Trata-se de uma fotografia feita em estúdio: podemos [ver] que o fundo é pintado, e [junto com o] elemento em madeira formam, dão a ideia de uma varanda. As jovens estão voltadas para o fundo que imita uma vista. Elas estão posando com trajes típicos do Japão, e a posição de costas mostra melhor

os adereços. O colorido aplicado à imagem fotográfica em preto e branco ressalta a preciosidade destes trajes, o cuidado com a maquiagem e os enfeites de cabelo. A imagem busca então uma representação ideal do que seriam "jovens japonesas", uma categoria ou tipo humano no Japão. Aos olhos dos ocidentais, as roupas das jovens remetem a uma ideia de exótico, de uma alteridade, um outro.

Os estudantes podem repetir este exercício com os cartões-postais selecionados. A partir daí, podem pensar se organizaram uma narrativa e como o fizeram, considerando as imagens contempladas e sua seleção, bem como se estas imagens reiteram ou não certa noção de turismo – e qual seria ela. Além disso, podem se perguntar se a coleção de cartões-postais funciona como um modo de lembrar os lugares visitados e/ou mostrados. E, neste caso, quais seriam os elementos visuais evocados para serem lembrados?

Por último, ainda em grupos, partindo da noção de que cartões-postais trazem imagens-chave de reconhecimento de um lugar ou situação, os estudantes podem também produzir fotografias que funcionem como cartões-postais da escola, de suas casas ou de sua cidade, justificando as suas escolhas.

Pode-se fazer uma apresentação do material realizado: um grupo apresenta sua coletânea e os demais colegas comentam as escolhas feitas pelos autores, nascendo disso o diálogo entre eles sobre a geração destas imagens.

3. As imagens técnicas e os eventos históricos

Os estudantes podem assistir ao filme *A conquista da honra*, comentado no item VI deste capítulo, observando a importância da fotografia dos homens erguendo a bandeira dentro da sua narrativa. No contexto do filme, é interessante distinguir a fotografia original, que diz respeito a um momento singular, do modo generalizante como ela foi lida nos EUA, como uma representação de heroísmo e vitória. Assim, pode-se colocar em debate a questão, para nós central:

- *Quais as diferenças entre o que a fotografia de Rosenthal registrou e como ela foi reinterpretada, reapropriada? Ou seja, como se deu*

> a história da circulação e fixação de significado desta imagem, segundo o diretor Clint Eastwood?
>
> O diretor Clint Eastwood toma uma fotografia que se tornou símbolo da Segunda Guerra Mundial e acompanha as pessoas que viveram o evento retratado, bem como o processo de divulgação da imagem. Desta história, podemos pensar como esta fotografia ajudou a criar uma memória coletiva sobre a guerra. mas que, no limite, não mostra aquilo que foi lido nela. É interessante tanto pensar como as fotografias têm o poder de condensar significados, e simbolizar grandes temas ou eventos, quanto colocar em perspectiva também este poder, tratando as imagens sempre de forma crítica.

Podemos também trabalhar este conteúdo em sala de aula imprimindo algumas fotografias que, assim como a fotografia da bandeira em Iwo Jima, tenham permanecido na memória coletiva como símbolos de eventos históricos. As fotografias impressas podem ser dispostas no chão da sala. Os estudantes, sentados em círculo, vão virando uma imagem por vez, e o professor pergunta:

- *O que diz esta imagem? Ela representa qual evento histórico? Que elementos nela nos indicam que se trata deste evento? O que os estudantes sabem sobre este evento histórico?*

    Se o professor desejar, pode desenvolver esta discussão, trazendo, para cada fotografia impressa, uma folha de papel correspondente, preparada antecipadamente e com informações como: o nome do fotógrafo, o ano da foto, o local em que foi feita etc. Pode-se pedir então que os estudantes estudem estas folhas soltas e tentem identificar a qual imagem pertencem as informações contidas em cada folha.

Um outro exemplo de fotografia que representa um evento histórico, além da já mencionada imagem de Iwo Jima, é a fotografia de uma trabalhadora rural com seus filhos, retratada por Dorothea Lange em 1936, a seguir.

Figura 2.20. Trabalhadores empobrecidos da colheita de ervilhas na Califórnia. Mãe de sete filhos. Trinta e dois anos de idade. Nipomo, Califórnia. Fonte: Library of Congress Prints and Photographs Division, Washington, DC 20540. <http://hdl.loc.gov/loc.pnp/pp.print.>

Esta fotografia ficou conhecida como *Mãe migrante*, e, com o passar do tempo, se tornou um dos símbolos da Grande Depressão econômica vivida pelos Estados Unidos na década de 1930, e também do chamado Dust Bowl, a grande seca e o colapso do trabalho rural que aconteceu junto com a depressão econômica, iniciada com a quebra da Bolsa de Valores em 1929. Dorothea Lange era a fotógrafa contratada pela seção de fotografia da *Farm Security Administration*, um órgão do governo norte-americano criado durante o *New Deal* para combater a crise rural na época da Grande Depressão. Entre 1935 e 1944, onze fotógrafos trabalharam fotografando principalmente as condições precárias de vida e a pobreza dos trabalhadores rurais, e as imagens que eles produziram permanecem como representantes deste evento histórico – e, em especial, a fotografia da mãe migrante. Ela se chama Florence Owens Thompson, tinha sete filhos, vivia com eles e o marido na barraca em que foi fotografada. Devido ao frio intenso, a colheita tinha sido perdida, e ela e a família não tinham trabalho. Estavam sobrevivendo de vegetais congelados das plantações vizinhas e de passarinhos que seus filhos conseguiam matar. Antes de ser fotografada, ela tinha acabado de vender os pneus de seu carro para poder comprar comida, e que fariam falta mais tarde, já que a família dela, assim como a maioria dos outros trabalhadores rurais, era obrigada a ir migrando conforme a época do plantio e colheita, em busca de trabalho sazonal.

Outros exemplos de fotografias que podem ser usadas nesta atividade são: as fotos dos ataques de 11 de setembro de 2001 em Nova York; as fotos de crianças desnutridas representando as ondas de fome na África; o corpo do pequeno refugiado sírio na praia turca, representando a crise migratória em 2015; a menina vietnamita queimada por napalm, correndo em uma estrada, representando a Guerra do Vietnã (esta imagem será trabalhada no capítulo 4) etc.

Em grupos ou individualmente, pode-se pedir também aos estudantes que pesquisem fotografias que tenham permanecido na memória coletiva como símbolos de eventos históricos. Após fazer o levantamento de algumas, a sala ou os grupos escolhem uma foto para pesquisar mais a fundo. O professor pode apresentar um roteiro de perguntas para auxiliar esta escolha. Por exemplo: quem foi o fotógrafo?; onde a fotografia foi feita?; qual evento histórico ela representa?; por que e como ela representa este evento? etc.

O professor pode solicitar que também pesquisem se há outras imagens usadas em menor escala para representar o mesmo evento, como variantes, ou como discordâncias do que se vê na fotografia contemplada.

A circulação mais ampliada das fotografias na passagem do século XIX para o XX, desde os cartazes dos zoológicos humanos, passando pelos cartões-postais, e chegando nas revistas ilustradas e cartazes de propaganda da Segunda Guerra Mundial, permitiram que se agenciassem modos de representar e de construir as noções do exótico e do outro, de uma nação ou de um evento. A série de atividades propostas neste capítulo gira em torno da representação visual de pessoas, lugares e acontecimentos históricos pela imagem fotográfica, e a capacidade desta imagem de, na vida moderna, criar uma memória coletiva. Na nossa vida atual, regida pela comunicação instantânea, esta é uma questão que é posta a todo momento. Nas mídias sociais, uma foto pode "viralizar" a qualquer momento e se tornar internacionalmente reconhecida e associada a determinado contexto. No entanto, podemos remontar essa capacidade da imagem fotográfica para muito antes do predomínio da internet. Os cartões-postais com imagens fotográficas – embora com menos imediatez em comparação com a experiência atual da tecnologia digital – já mostravam essa potencialidade e mesmo a vocação de comunicação com bastante eficácia.

3. *PRIMEIRO CINEMA*: MAGIA E IMAGEM

I. O *primeiro cinema*

O termo *primeiro cinema* nomeia a experiência cinemática entre as décadas de 1890 e 1900, desde a famosa exibição dos irmãos Lumière até a primeira sistematização da linguagem cinematográfica, na década de 1910, por D. W. Griffith nos Estados Unidos. O *primeiro cinema* vinha carregado de ineditismo, adensava a experiência da imagem em movimento, o que ajudava na consolidação da noção moderna e veloz do mundo. A partir da França, Inglaterra, Estados Unidos, os protagonistas desse *primeiro cinema* se colocaram o problema de como ver imagens em movimento e sobre o que elas tratavam, bem como indagaram como narrar uma história através do cinema e as relações possíveis entre essas narrativas feitas com a imagem em movimento e os gêneros literários.

Esse *primeiro cinema* concorreu para a expansão do mundo das imagens na vida moderna, principalmente nos grandes centros urbanos do Ocidente, sendo difundido e reordenado pelo Oriente. Logo, conquistou o cotidiano de mundos coloniais e estados nacionais, exibindo uns aos outros, ajudando a dar uma impressão de que as distâncias entre as regiões do mundo diminuíam constantemente. Esse processo foi simultâneo à expansão do telégrafo, da imprensa, da telefonia, do fonógrafo, da malha ferroviária e do culto ao trem como um transporte capaz de conquistar e interligar vastas áreas do planeta. Estava ligado ao crescimento do uso da fotografia, à figura do fotógrafo amador, aos manuais de fotografia e à explosão do cartão-postal a partir dos anos de 1870-1880, quando os lugares de toda parte do mundo foram simultânea e continuamente transformados em temas fotográficos e passaram por um forte processo de iconização.

→ Travelog (ou Travelogue) é um relato de viagem, feito por meio de narrativa escrita, de palestra, projeção de imagens ou vídeo.

É possível perceber isso com a explosão de imagens da *Estátua da Liberdade*, de Nova York, a *Torre Eiffel*, de Paris, o *Big Ben*, de Londres, o *Coliseu*, de Roma, que circulavam na época. Muitos travelogs do início do século XX, exibidos em placas de lanterna (como as Figuras 3.2 e 3.3, e cujo projetor é mostrado na Figura 3.1).

Ao lado dos diapositivos estereoscópicos e dos cartões-postais, as placas de lanterna mostravam

A **Figura 3.1** mostra o projetor reconhecido no fim do século XIX e inícios do XX como 'lanterna mágica'. Fonte: Andreas Praefcke. <http://commons.wikimedia.org/wiki/File:Laterna_magica_Aulendorf.jpg?uselang=pt-br>.
Figura 3.2. Slide de lanterna mágica colorido à mão, de autoria de William Henry Jakson (1843-1942), mostrando as pirâmides e esfinge no Egito, 1895. Fonte: Library of Congress, Prints and Photographs Division. <http://commons.wikimedia.org/wiki/File:Pyramids_and_Sphinx_LCCN2004707593.jpg>.
Figura 3.3. Slide de lanterna mágica colorido à mão mostrando vista de Paris a partir do Arco do Triunfo, de 1915. Este *slide* de Paris foi feito para o Departamento de Instrução Visual dos EUA, e acompanhava uma brochura com informações históricas: População de 2.907.000. Paris, a capital da República Francesa, é uma cidade muito bonita, com largos bulevares e numerosos prédios interessantes. Em seus ótimos museus estão muitas das mais preciosas obras de arte. Esta cidade está localizada no Sena e no meio de um rico país agrícola. Ela está também na rota de viagem dos países mediterrâneos do norte através do vale do Sena. Paris é um centro rodoviário importante e é também um porto para pequenas embarcações que rumam para o oceano. Fonte: OSU Special Collections and Archives. <http://commons.wikimedia.org/wiki/File:Bird%27s-Eye_View_of_Paris_from_Arch_of_Triumph.jpg>.

várias partes do mundo, dando ao espectador uma noção abrangente e, em geral, classificatória da geografia terrestre e das gentes, especialmente marcada pelas noções de civilização e barbárie.

As imagens do *primeiro cinema* se ligavam a essas outras imagens consideradas novas e fabricadas em massa. Isso porque, em simultâneo, nascia uma indústria publicitária que se caracterizava por *homens-reclames*, revistas ilustradas e *slogans* nunca vistos, uma nova organização das lojas, mais agradável, que tornava a mercadoria mais acessível ao consumidor, a introdução de rótulos e preços nas mercadorias e propagandas a promover um estilo de vida associado à mercadoria vendida.

Esse *primeiro cinema* surgiu definido pela produção fabril em escala planetária, endereçado à sociedade de massas, como negócio e mercadoria, baseado numa tecnologia que exigia uma série de profissionais, em geral homens de ofício, e uma divisão do trabalho que envolvia diversos sujeitos sociais – das mulheres a produtores de imagem de diversas partes do mundo.

Essa primeira geração de imagens cinematográficas foi exibida em feiras, ringues de patinação, circos e principalmente em *vaudevilles* – uma forma de diversão popular em que álcool e prostituição, num primeiro momento, conviviam.

Essas imagens eram vistas junto e concorriam com outros aparatos visuais: quinetoscópios, panoramas, mutoscópios, dioramas. Os aparatos visuais que imitavam imagens em movimento podiam ser grandes engenhocas, como o quinetoscópio, máquina inventada por Thomas Edison, ou então portáteis, como os panoramas mágicos, fenaquistiscópios etc., que eram brinquedos ópticos vendidos como *kits*. Em comum, eles tinham o fato de que exibiam séries de desenhos em *looping*, que o cérebro do observador lia como movimento[15].

---

15 Diversas destas imagens foram digitalizadas e animadas pelo colecionador Richard Balzer e podem ser vistas em seu site e sua página no *tumblr* (<http://www.dickbalzer.com> e <http://dickbalzer.tumblr.com>). Também é possível acessar o artigo de João Henrique Duarte Nadal, "Uma breve arqueologia das técnicas de animação pré-cinematográfica a partir do século XIX: reflexões sobre a representação em ciclos", *Revista Tuiuti: Ciência e Cultura*, n. 48, p. 161-77, 2014, que fala sobre alguns destes aparatos visuais. Disponível em: <https://seer.utp.br/index.php/h/article/view/949>.

→ O francês George Méliès (1861-1938) começou sua carreira no teatro. Além de atuar, era produtor, roteirista, fez cenários e figurinos, e também inventou muitos números de mágica. Nos intervalos, ele exibia pantomimas, performances de autômatos, shows de luzes e efeitos especiais, e de lanternas mágicas. Em 1895, Méliès assistiu à primeira apresentação pública do filme dos irmãos Lumière, o que o inspirou a experimentar com a fabricação e utilização de câmeras. Entre 1896 e 1913, ele dirigiu 531 filmes, que em seu conteúdo lembravam os números de mágica e efeitos especiais de seu teatro, e duravam entre um e quarenta minutos. Ele os realizou no estúdio que construiu em 1896 nos arredores de Paris, feito inteiramente de vidro, para que houvesse luz suficiente. Méliès também desenvolveu técnicas de trucagem, montagem, coloração de negativos, superposições e movimentos de câmera. Outros pioneiros do cinema, como os irmãos Lumière e o norte-americano Thomas Edison, buscaram uma aproximação do novo meio com as ciências. Os filmes de Méliès, no entanto, são concebidos como entretenimento, parte de um universo de contos de fadas e magia.

Figura 3.4. Partes do filme rudimentar intitulado *Gravação Quinetoscópica de Thomas Edison de um Espirro*, feito nos EUA em 1889. Fonte: Library of Congress Prints and Photographs Division. <https://commons.wikimedia.org/wiki/File:Edison_Kinetoscopic_Record_of_a_Sneeze.jpg?uselang=pt-br>.

Figura 3.5. Imagem publicitária de um homem usando o quinetofone (quinetoscópio com som) de Edison. Fonte: HERBERT, Stephen, MCKERNAN, Luke. *Who's who of victorian cinema:* a worldwide survey. London: British Film Institute, 1996. <https://commons.wikimedia.org/wiki/File:Kinetophonebis1.jpg?uselang=pt-br>.

Na Figura 3.4 são mostradas partes de um filme que ganha movimento ao ser colocado no aparato de visualização, mostrado na Figura 3.5 – nesse caso, um quinetofone, que tinha também som.

Estes aparatos do primeiro cinema pareciam, naquele momento, ter viabilidade comercial e exibiam imagens pequenas e bruxuleantes. Não estava definido, naquela altura, que o cinema na tela grande exibido na sala de cinema com o público imerso no escuro voltado para a tela em silêncio seria o formato *standard* do cinema.

Nessa direção, o mágico e realizador Georges Méliès (1861-1938) fez, em 1903, *Lanterna Mágica*, em que mostrava como essas imagens eram feitas e exibidas. A atração residia na própria imagem em movimento (Figuras 3.6 a 3.8). Muitas vezes, durante a exibição de uma lanterna mágica, havia um conferencista convidado a explicar e a situar as imagens projetadas, a fim de torná-las mais compreensíveis àquele público.

A experiência de ir ao cinema e ver-se diante dessas imagens trazia em si uma novidade, era uma experiência eminentemente moderna. Novas expressões desse universo das imagens técnicas designavam as novas experiências. Quando o crítico de arte Gonzaga Duque comentou a exposição do pintor José Malhoa no Rio de Janeiro – em seu livro *Graves & frívolos*, de 1910 –, ele usou o termo *kodakizasse*, numa clara referência à Kodak, para traduzir o que viu na obra de Malhoa, aproximando pintura e fotografia:

> Com os mais necessários segredos da paleta e uma considerável prática do difícil desenho, ele fixa quase sempre o tipo observado com uma naturalidade surpreendida. É como se o *kodakizasse*. E, por esse poder retentivo, as figuras, quaisquer que sejam, ficam vivas nos quadros (Duque, Gonzaga. *Graves & frívolos*: por assunto de arte. Rio de Janeiro: Sette Letras, 1997, p. 41-42).

O cronista carioca João do Rio compreendeu as transformações ci-

Figuras 3.6 a 3.8. Fotogramas do filme *Lanterna Mágica*, de Méliès. A flecha indica a lanterna mágica gigante, de onde saem os elementos da narrativa. Fonte: Kino Video International.

tadinas e dos modos de ver de sua época. Dizia no livro de 1911, significativamente intitulado *Cinematographo*, que a vida seria uma "cinematografia colossal na qual cada homem tem no crânio um cinematógrafo de que o operador é a imaginação e onde basta fechar os olhos e as fitas correm no cortical com uma velocidade inacreditável" (Rio, 2009, p. 4-5). Ele flagrou a mudança radical da estrutura perceptiva do homem com a nova sensação da velocidade do trem e de aceleração do tempo em função da ideologia do progresso em voga, com o movimento das imagens que se empenhavam em duplicar o real, em meio ao intenso processo de urbanização e reordenação da geografia social do Rio de Janeiro, então capital do Brasil.

Do ponto de vista da recepção, esta primeira plateia da imagem em movimento – ou seja, os utilizadores dos aparatos óticos comentados antes e o público de inventores, como os irmãos Lumière, Méliès e Thomas Edison – comentou seu espanto quanto à maneira de perceber essa nova imagem. Falou da apreensão em ver imagens projetadas assemelhadas ao real, sem sê-lo. Espantava-se e encantava-se com as projeções. Tais imagens, filhas da técnica e marcadas pela indicialidade, davam uma nova dimen-

Figuras 3.9 a 3.13. Sequência de fotogramas do curta metragem dos irmãos Lumière, *A chegada do trem*, de 1896. Fonte: Kino Video International.

são à realidade e às formas de representação até então existentes. Reza a tradição que, na primeira exibição do filme dos irmãos Lumière *A chegada do trem*, em janeiro de 1896, o público quase acreditou que estava diante de um trem que vinha em sua direção, espantando-se (Figuras 3.9 a 3.13).

Embora hoje esse relato soe engraçado ao expor certa inocência da primeira plateia, ele mostra intensidade e ineditismo, e como essas imagens afetavam a percepção de cada um. O escritor russo Máximo Gorki, ao ver as fotografias em movimento dos Irmãos Lumière na Feira Russa de Nizhi-Novorod, ainda em 1896, falou de uma espécie de confusão mental provocada por essa imagem e indagou a sua natureza. Ele escreveu sobre isto:

> Vocês não sabem como foi estranho estar lá. (...) É aterrorizante ver esse movimento cinza de sombras cinzentas, mudas e silenciosas. Será que isto não é já uma sugestão da vida do futuro? Diga o que quiser, mas isto é irritante. (...) É como se ela carregasse uma advertência, carregada de um vago mas sinistro significado que faz seu coração quase desfalecer. Você está esquecendo onde está. Estranhas visões invadem sua mente e sua consciência começa a diminuir e turvar-se (Gunning, Tom. Fotografias animadas. Contos do esquecido futuro do cinema. In: Xavier, Ismael (org.). *O cinema no século*. Rio de Janeiro: Imago, 1996b, p. 24).

Naquele momento, o cinema ainda não se tornara a grande indústria cultural que viria a ser no século XX. Daquela experiência visual, conhecemos apenas 20% da produção dos filmes silenciosos[16], o que nos força a pensar que sabemos menos do que gostaríamos ou do que pode ter sido. No entanto, é crucial reconhecer que tal cinema foi a experiência fundante da modernidade, reordenando radicalmente a percepção do homem moderno. Isso porque a percepção passou, cada vez mais, desde o século XIX, a evocar e constituir a atenção enquanto categoria cognitiva importante do mundo moderno.

Nesse *primeiro cinema*, a imagem em movimento solicita uma percepção fragmentada em sequências, sendo os quadros juntados pelo movimento que se cria. Esses primeiros filmes feitos entre 1896 e os anos

---

16 Gunning, Tom. Cinema e história. In: Xavier, Ismael (org.). *O cinema no século*. Rio de Janeiro. Imago, 1996a.

Figuras 3.14 a 3.16. Sequência de fotogramas do curta metragem *Le Mélomane* de Méliès, de 1903. Fonte: Kino Video International.

de 1910 parecem fantasias, delírios, extravagâncias muitas vezes, porque se detinham em mostrar o próprio movimento, fosse dos trabalhadores e das massas urbanas, fosse dos trens, das rodas gigantes, dos carros. Expunham, ainda, a técnica capaz de capturar, reproduzir e simular o movimento. Na imagem residia a atração. Um exemplo é o filme *Le Mélomane*, de 1903. Méliès, que é também o ator principal, aparece neste filme escrevendo uma partitura musical com as notas formadas por cabeças. Ele vai lançando sua própria cabeça, que magicamente se recompõe a cada vez. Cada cabeça se detém em uma linha da partitura, e ao final ele mesmo rege a música formada (Figuras 3.14 a 3.16). O espectador de então – e nós também, de certa maneira – surpreendia-se com as cabeças brincalhonas e o ritmo frenético das figuras. Ao mesmo tempo, durante todo o filme, Méliès, o ator, se posiciona de frente para a câmera, e faz sua atuação olhando para ela, como se fosse um mágico que olha para a sua plateia no teatro. As cabeças enfileiradas num plano e o olhar direto de Méliès ao espectador causavam espanto e chamavam a atenção. Nesse filme, Méliès, no duplo papel de realizador e ator, e a plateia estavam cientes um do outro, sem presumir uma quarta parede invisível a separar o espectador e a ação encenada.

Boa parte dos filmes do *primeiro cinema* exibia lugares distantes, desde as grandes capitais europeias, até as regiões dos polos. Vários homens, aventureiros, burgueses, negociantes, soldados, cientistas, agentes coloniais e outros se interessavam por conhecer lugares longínquos e selvagens por várias razões. Embrenharam-se pelas selvas das Américas, pelas terras do Japão, pelos interiores da China, pelos rios da África, buscando retratar suas gentes na chave interpretativa do exotismo e/ou iam atrás de vantajosos negócios. Tais filmes concorriam com a massa de cartões-postais, com *travelogs* e imagens estereoscópicas que então circulavam pelo mundo. Juntas, essas imagens indiciais fixas ou em movimento desenhavam uma noção bastante ampla, conjunta e simultânea da geografia do planeta e suas gentes.

Traçava-se uma apreensão da Terra em escala planetária através de imagens fixas e em movimento, concorrendo muitas vezes para incrementar e consolidar o ideário colonialista e racista do discurso do progresso. Essa primeira filmografia registrou aspectos das sociedades coloniais, o que contribuiu para a construção de um olhar colonialista que definia selvagem e civilizado, traçando fronteiras, hierarquias, mandos e mediações entre eles.

Esse *primeiro cinema* era fascinado por registrar o movimento, duplicando-o na imagem mostrada. Exibia o trem e a roda gigante, insistentemente, em durações variadas e acelerados trajetos. Parte desse encantamento residia em poder mostrar o movimento através das imagens. Tratava-se também do gosto por exibir a si e ao outro. Por outro lado, era fascinante ver o nunca visto. Na provinciana Campinas do início do século XX, depois da dramática febre amarela, exibiam-se imagens de Paris com sua Torre Eiffel, ou as portas abertas das grandes fábricas de Londres ao final do expediente de onde saíam operários. Lugares e realidades diferentes eram aproximados por meio das imagens em sua alta circulação e difusão.

II. Atualidades e linearização da narrativa

Outra característica dessa primeira filmografia, desde cedo, foi se ocupar com a verossimilhança dos eventos, dedicando-se em se converter num espelho do mundo. Boa parte dos primeiros filmes narrativos procurava reconstruir o real.

→ **Affaire Dreyfus** é como passou a ser chamado o processo judicial, e a comoção causada por ele, contra Alfred Dreyfus. Capitão do exército francês de origem judaica, foi condenado injustamente à prisão perpétua em 1894, acusado de entregar segredos militares aos alemães. Quando o verdadeiro culpado foi identificado, o exército ocultou provas e falsificou outras para não contradizer a condenação de Dreyfus. O caso dividiu a França. Políticos, intelectuais, artistas se manifestaram durante os julgamentos, que duraram até o perdão oficial do coronel, em 1906.

Em paralelo à sua produção mais ligada ao fantástico, Méliès também produziu este tipo de filmes. Em 1898, ele reconstituiu em um grande aquário o naufrágio do encouraçado Maine no porto de Havana. Em 1899, reconstituiu o **Affaire Dreyfus**, enquanto seu processo acontecia em Rennes, misturando fotografias do julgamento com simulações produzidas em estúdio.

Para Méliès, não se tratava de imagens documentais, antes se referiam às *atualidades* – um gênero de filme narrativo que rompia de vez com a cena teatral e abordava o tempo presente vivido. Para ter uma noção de escala, nos Estados Unidos, entre 1897 e 1907, a maioria dos filmes registrada no *copyright* americano se autoidentificava como de *atualidades*. Era uma produção que não buscava enganar o espectador. Queria assemelhar-se ao real, colocando o espectador numa situação de testemunha dos acontecimentos mostrados nas imagens.

Em linhas gerais, nota-se, entre fins da década de 1890 e 1906-1908, o predomínio de filmes não narrativos interessados em mostrar suas atrações, com *gags*, piadas visuais, números de magia, ilusionismos e atualidades. Esses filmes curtos compunham-se, na sua maioria, de apenas um plano. Cada plano era, em si, uma *atração*, fosse com o trem que chegava, fosse com as cabeças de Méliès na partitura, fosse com a moça dançando com tecidos colorizados e transparentes (Figuras 3.17 a 3.20), fosse com homens entrando na floresta tropical. Se as imagens tivessem muitos planos, eles eram comercializados em rolos separados e o exibidor, em qualquer lugar do mundo, poderia escolher, a seu critério e gosto, a ordem dos rolos que julgasse melhor para seu público naquele momento. Não havia uma linearidade prefixada da exibição das imagens por parte de quem as produzia. O *primeiro cinema* é predominantemente sintético, não linear, interessado em apresentar imagens, notou o crítico Charles Musser. Esse cinema de atração, que caracteriza o *primeiro cinema*, empenha-se em mostrar algo, buscando chamar a atenção do espectador. A aparição da imagem, na tela, constituía o acontecimento. A visibilidade da imagem encantava por si e esse *primeiro cinema* mostrava e exaltava essa visibilidade. Dessa maneira, a visibilidade se erigia numa instância do real e criava uma temporalidade própria, na medida em que a imagem era em si um acontecimento.

Entre 1906-1908 e 1913-1915, especialmente nos Estados Unidos, ocorreu um crescente processo de narrativização dos filmes. Eles foram se tornando mais lineares, justamente pela aproximação com os gêneros literários e pela ordenação sequenciada dos eventos. Durante esse mesmo período, o *vaudeville* mudou. Baniu a bebida e a prostituição, ganhou ambientes decorados, promoveu uma limpeza moral nos números apresentados, buscando atrair uma audiência cada vez mais familiar. Paulatinamente, o cinema foi se erigindo num entretenimento familiar, considerado capaz de contar histórias para o trabalhador e adequado ao público feminino.

A partir de 1913, apareceram os primeiros longas-metragens, no momento em que os dis-

Figuras 3.17 a 3.20. Sequência de fotogramas do filme dos irmãos Lumière, *The Serpentine Dance* (cerca de 1899). Fonte: Kino Video International.

positivos narrativos no interior do filme se aperfeiçoavam. Nasceu, então, o cinema hollywoodiano clássico, produzido de maneira industrial e que se apoiava numa narrativa linear, especialmente de dramas e comédias, caracterizados pela vontade de assemelhar-se ao real e com uma linearidade convincente aos olhos do espectador. Entre 1906 e 1915, no contexto geral, podemos observar um aumento do público e o surgimento de grandes empresas cinematográficas – a *Pathé*, em Paris, por exemplo – e a gradual domesticação das formas de representação e de exibição dos filmes, endereçados a um público respeitável que assiste a eles numa sala própria, um lugar limpo, arejado e confiável. Nessas circunstâncias, o cinema foi cada vez mais se entremeando aos gêneros literários.

As mudanças da ordem da *reprodutibilidade técnica*, da litografia à propaganda, da fotografia ao *primeiro cinema* impactaram as formas de produção literárias desde meados do século XIX. Havia uma correlação entre a produção literária e a difusão simultânea da telefonia, da fotografia, do cinematógrafo, do fonógrafo, dos reclames. Vários literatos escreveram reclames, passando a fazer propaganda. Muitos escreveram crônicas e folhetins sobre a vida urbana e suas *novidades*. Escreveram na forma de instantâneos, textos curtos telegráficos, que lembravam os instantâneos fotográficos. Outros ainda se arriscaram a ver e produzir textos voltados para cinema ou fizeram cinema. Parte desses primeiros homens de cinema recorreu às fontes literárias para criar suas tramas fílmicas. Nessa perspectiva, a vida de Cristo foi bastante retratada nos filmes, graças ao apelo do protagonista, ao conhecimento generalizado dessa história milenar e em razão da forte linearização da narrativa, baseada no nascimento, vida, morte e ressurreição do Cristo, que poderia ser exibida em conjunto ou em partes isoladas, acompanhando, por exemplo, o calendário litúrgico da igreja.

Outro acontecimento importante de ser ressaltado é o surgimento, na segunda metade do século XIX, da chamada literatura panorâmica, em Paris. Ela estabeleceu parâmetros ficcionais que depois migraram para o cinema e ajudaram a constituir um imaginário moderno baseado em experiências cotidianas e que abarcava hábitos e costumes de uma cartela heterogênea de sujeitos sociais, tais quais se viam nas cidades em franco processo de urbanização no século XIX. Essa *literatura panorâmica*, baseada na heterogeneidade dos sujeitos sociais, enfatizava os deslocamentos dos corpos, das gentes, dos *flâneurs*, das mercadorias, ligando-se à representação visual das litografias, das vistas, das fotografias e dos cartões-postais. As imagens desempenhavam aí a função de introduzir o leitor no que seria uma vida urbana cotidiana: fragmentada e desorientadora. Essa aproximação com as imagens atenuava as complexas formações sociais da modernidade e de seus sujeitos sociais. Aqui interessa frisar esta aproximação entre produção literária e produção imagética, sendo que os gêneros literários de forte conteúdo cotidiano migraram para o cinema, entrelaçando os gêneros literatura e imagem em-movimento com a organização da linguagem cinematográfica clássica, sobretudo aquela de tradição hollywoodiana.

→ A estudiosa Margaret Cohen define nestes termos: A literatura panorâmica nada mais é do que um gênero de curta duração, voltado para o cotidiano e produzido no período compreendido pela Monarquia de Julho (na França). Se a sua limitada produção se ajusta ao campo finito do ensaio, utilizo-a para sintetizar a contribuição da Monarquia de Julho a diversos gêneros de representação, cuja importância se estende até o presente. O romance realista encontra-se na extremidade mais nobre do espectro. (...) Já a imprensa de massa está na outra extremidade, a do dia a dia, do espectro dos gêneros cotidianos. Também este gênero de imprensa diária foi consolidado durante a primeira década da Monarquia de Julho.

Figuras 3.21 a 3.23. Páginas do livro *A invenção de Hugo Cabret*, de Brian Selznick, de 2007.

III. Entre a magia e o legado: Georges Méliès

O livro do escritor norte-americano Brian Selznick, *A invenção de Hugo Cabret*, de 2007, publicado nos Estados Unidos e no Brasil, aborda a história do órfão Hugo Cabret na Paris de 1931 (Figuras 3.21 a 3.23). Paris era, então, a cidade ícone do Ocidente, levando o título de *cidade luz*. Nessa Paris, o autor romanceia a vida desse menino órfão de mãe que perde o pai, um relojoeiro que trabalhava também em museus ajustando peças. Embora menino, Hugo Cabret trabalha ajustando os relógios de uma grande estação de trem parisiense e assumiu anonimamente o lugar do tio, bêbado inveterado, que morre no começo da trama. O menino fica só, ajustando os relógios. Ele se esconde na estação, tornando-se invisível para todos, a fim de safar-se do orfanato – um triste destino das crianças órfãs.

Por meio do menino Hugo Cabret, Brian Selznick deseja contar uma história sobre Georges Méliès. Ela vem recheada do primeiro cinema. Selznick comenta que, ao se deparar com os estudos de crítica cinematográfica, entendeu a riqueza de seu objeto (Méliès), que requeria, em função de suas especificidades e importância, um modo próprio de ser narrado. Assim, o livro assemelha-se, em várias passagens, a um filme, valendo-se inclusive de fotogramas de filmes feitos por Méliès. Ao abrir o livro, logo o espectador encontra o menino Hugo

Cabret correndo entre sombras e luzes na estação de trem, escondendo-se nas suas engrenagens. Em sua narrativa, o livro, mais de uma vez, simula um efeito cinematográfico, convidando o leitor a se tornar ali um espectador e, com esse recurso visual, o autor agiliza a narrativa e a leitura. Na breve introdução do livro, um suposto professor H. Alcofrisbas dirige-se ao leitor:

> Mas antes de virar a página, quero que você se imagine sentado no escuro, no início de um filme. Na tela, o sol logo vai nascer, e você será levado em zoom até uma estação de trem no meio da cidade. Atravessará correndo as portas de um saguão lotado. Vai avistar um menino no meio da multidão e ele começará a se mover pela estação. Siga-o, porque este é Hugo Cabret[17].

O autor sugere, no todo, que o assunto Méliès precisa ser tratado com imagens sequenciadas para poder redizer a magia de sua obra, bem como presume um leitor que já viu filmes de cinema um dia e, de preferência, já esteve numa sala de cinema.

Menino formado na tradição familiar dos ofícios, Hugo Cabret se envolve com um autômato, um maquinário requintadamente bem-feito por algum estupendo homem de ofício, capaz de simular, com perfeição, um gesto somente feito por humanos. Um autômato pode tocar uma peça ao piano, bailar, escrever ou desenhar, como no caso do autômato que Hugo herda do pai. O pai de Hugo definiu o autômato para o filho: [era] "um objeto de corda, como uma caixa de música ou um brinquedo, só que infinitamente mais complexo. Eu já tinha visto alguns outros antes, um pássaro numa gaiola e um acrobata mecânico num trapézio". Contudo, o autômato do livro parece muito mais interessante, porque escrevia – uma charada talvez. Para o pai, esse autômato poderia ser obra de um mágico. O pai, ainda vivo, explicou ao filho:

> Alguns mágicos começaram como fabricantes de relógio. Usavam seu conhecimento de mecânica para construir esses autômatos e surpreender as plateias. O único propósito das máquinas era encher as pessoas de espanto, e conseguiam.

---

[17] Este trecho e os demais citados encontram-se em *A invenção de Hugo Cabret*, de Brian Selznick, lançado no Brasil em 2007 pela editora SM.

Os ensinamentos, a curiosidade pela técnica e esse autômato em desuso e quebrado são os últimos legados do pai. Hugo dedica-se muito a desvendar os mecanismos do autômato, a descobrir seu funcionamento, limpando-o e consertando-o com afinco. O trabalho com o autômato religa diariamente o filho Hugo Cabret ao pai morto. Muito interessado em peças e engrenagens, Hugo Cabret acaba se deparando, na estação de trem, com uma lojinha de brinquedos, quase uma tenda, e seu dono mal-humorado. Dos pequenos furtos que Hugo Cabret faz ali e da zanga diária desse homem – o próprio Méliès – nasce a reviravolta do romance que ilumina a vida desses dois personagens ao ligá-los para sempre. Sem querer ferir a delícia de ler o livro, cabe adiantar que o autômato fora feito por Méliès no passado, quando era um ilusionista. Méliès surge, assim, caracterizado como um homem de ofício. O autômato de Méliès encanta pela semelhança com o humano, pela delicadeza e agilidade de seus gestos, pela sua precisão. O autômato é uma atração. A conexão entre o menino Hugo Cabret e o ilusionista Méliès se estabelece em função do autômato. O escritor Selznick reconheceu a importância do autômato em seu romance:

> Durante muito tempo quis escrever uma história sobre Georges Méliès, mas somente quando li um livro chamado *Edson's Eve: A Magical History of Quest for Mechanical Life*, de Gaby Wood, foi que a história realmente começou a tomar forma. O livro tratava da coleção de autômatos de Méliès, que foi doada a um museu, onde ficou desprezada num sótão úmido até, finalmente, ser jogada fora. Imaginei um menino encontrando essas máquinas no lixo e, naquele momento, Hugo e sua história nasceram.

Em tom de folhetim, com muitas reviravoltas e revelações surpreendentes, várias advindas das peripécias em torno do autômato, o romance acaba revelando que o ressentimento de Méliès data de sua desilusão com o fim do cinema de atração. Segundo o romance, ele foi um mágico de sucesso, a ponto de ter seu próprio teatro. Fascinado pela invenção dos irmãos Lumière, o cinema, começou a produzir curtos filmes de atração. Ele explorou com maestria, entre outros recursos visuais: as imagens que sumiam e (re)apareciam; as cores pintadas à mão no fotograma; as anedotas mirabolantes, como a excursão dos cientistas-viajantes à Lua;

Figura 3.24. Fotograma do filme *Viagem à Lua*. Fonte: Kino Video International.
Figura 3.25. Página do livro *A invenção de Hugo Cabret*.

o frenesi dos movimentos dos trens, dos homens e mulheres em fila, dos corpos flutuando no espaço, dos gestos repetitivos e grandiloquentes; a descontinuidade entre as imagens que permite trucagens; as justaposições de seres e figuras; as relações entre os cenários e as personagens, arranjando meticulosamente o enquadramento da imagem e a composição de cada fotograma.

Depois de construir o primeiro estúdio cinematográfico da Europa, Méliès produziu muitos filmes com sua trupe, ganhou dinheiro, fama, e os perdeu. Só lhe restou, então, ser dono de lojinha numa estação de trem, hábil no conserto e no uso de brinquedos. Segundo o romance, os homens que voltaram da Primeira Guerra Mundial e esta primeira plateia do cinema de atração mudaram muito, a ponto de não se envolverem mais com o próprio *primeiro cinema*. Pode-se acrescentar que eles se afastaram desse cinema de atração, preferindo o cinema linearizado e narrativo no qual ficavam absortos como *voyers*. Houve, assim, uma drástica mudança na recepção desses filmes e uma preferência da plateia por um cinema intencionalmente cada vez mais narrativo e assemelhado ao real. Já no começo dos anos 1930, o cinema de atração soava como coisa do passado.

No livro e no filme, Hugo Cabret é apresentado ao cinema por seu pai e se apaixona por esse entretenimento. Lê-se no livro:

> Seu pai lhe contara como era ir ao cinema quando era garoto, na época em que os filmes eram novidade. O pai de Hugo disse que tinha adentrado a sala escura e, na tela branca, havia visto um foguete voar para dentro de um olho desenhado na cara da Lua. Seu pai falou que nunca tinha experimentado sensação parecida. Era como ver seus sonhos em pleno dia.

A cena realizada por Méliès em seu filme *Viagem à Lua*, de 1902 (Figura 3.24) é habilmente desenhada pelo autômato (Figura 3.25). A imagem do foguete que fura o olho da Lua relaciona o autômato ao filme *Viagem à Lua* e a seu produtor/diretor Georges Méliès, relacionando, enfim, Cabret e Méliès. Essa imagem torna-se a chave que auxilia Hugo Cabret a desvendar o passado, a obra e a trajetória do mágico Méliès.

O romance de Selznick foi traduzido em várias línguas e continua sendo lido nas escolas nos Estados Unidos e no Brasil. Foi transposto para o cinema pelo diretor ítalo-norte-americano Martin Scorsese. Esse cineasta frequentemente tematiza a história dos Estados Unidos na ficção cinematográfica, como em *Na época da inocência* (1993), *Gangues de Nova York* (2002), *O aviador* (2004), *O lobo de Wall Street* (2013) – entre outros. Dessa vez, em *Hugo Cabret*, ele fala da história do próprio cinema. Além de diretor, Scorsese também se interessa muito pela história do cinema, apoia a restauração de muitos filmes, fala sobre a história do cinema em programas de televisão e livros.

Scorsese identifica a importância de Méliès, e o quanto o cinema e ele mesmo devem a este inventor. Fala do frescor e da magia das obras de Méliès e dos recursos audiovisuais que ele criou e que se tornaram elementos técnicos fundamentais da linguagem cinematográfica. No limite, Scorsese avisa que, sem Méliès, não haveria o cinema tal qual o conhecemos. Scorsese permite que vivamos, em Méliès, uma experiência da formação do olhar contemporâneo.

No filme, Scorsese acentua as dualidades na vida do personagem Hugo Cabret. Ele ressalta os pares masculino e feminino: a florista e

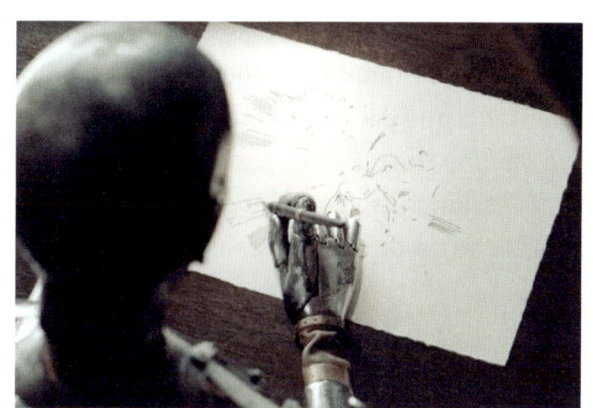

Figuras 3.26 a 3.29.
Fotogramas do *trailer* do filme *A invenção de Hugo Cabret*. Fonte: Paramount, *trailer* oficial do filme. Disponível em <https://www.youtube.com/watch?v=iQNkETGfA6k>. Acesso em: 30 jun. 16.

o inspetor manco; a dona da confeitaria e o senhor nela interessado; Méliès e sua esposa; Cabret e a menina Isabelle. Essa tensão entre pares se revela complementar, o que garante a todos um final feliz. Dentro dessa lógica dualista, o *menino* Hugo Cabret acaba descobrindo o valor e a produção do *velho* Méliès. Em outro patamar de significação, o espectador, também leitor, faz as vezes do menino Cabret ao descobrir Méliès e ver sua obra.

Parte da astúcia do livro e do filme consiste em mostrar as obras de Méliès, seus filmes, seu estúdio, seus fotogramas, seu autômato, revelando o deslumbramento com esse cinema de atração e a força da atração que solicita, de imediato, a atenção do espectador estupefato. Méliès domina a técnica do fazer brinquedos aliada a uma imaginação assombrosa sobre os usos desses brinquedos e das imagens. Cria e transforma os brinquedos mágicos com suas mãos aos olhos do espectador, como no caso do autômato e do fotograma da nave cheia de cientistas terráqueos a furar o olho da Lua. Nessa direção, Méliès pode ser chamado de ilusionista durante a maior parte de sua vida, inclusive quando se dedicou ao cinema, porque explorou a capacidade de ilusão da imagem e da montagem.

Em comum, Brian Selznick e Martin Scorsese mostram cenas dos filmes de Méliès e de obras do cinema silencioso. Scorsese reproduz *A chegada do trem*, dos Irmãos Lumière por inteiro e outros trechos de filmes da época. Escritor e diretor enfatizam a necessidade de preservar os filmes feitos por Méliès, chamando a atenção sobre a necessidade da constituição de um acervo do cinema com os filmes e seus processos de feitura. O livro e o romance frisam os modos pelos quais Méliès fabricava seus filmes, com a distribuição de tarefas, as técnicas teatrais repassadas para o set de filmagem, os equipamentos usados, a importância do estúdio e de seus jogos de iluminação. Scorsese reverencia esse processo de produção e a figura de Méliès ao se colocar, no filme, na posição do fotógrafo que retrata Méliès na frente de seu estúdio. Na cena, os dois realizadores se encontram, e Scorsese assume o papel de fotógrafo. O gesto reverente de Scorcese reforça a noção de que Méliès merece ser lembrado através das imagens.

Figura 3.30. Fotograma do filme *A invenção de Hugo Cabret*, que mostra o estúdio de George Méliès. Fonte: Paramount, *trailer* oficial do filme. Disponível em: <https://www.youtube.com/watch?v=iQNkETGfA6k>. Acesso em: 30 jun. 2016.

Figura 3.31. Páginas do livro *A invenção de Hugo Cabret*, que mostram o estúdio de George Méliès.

Livro e filme fazem o leitor-espectador encontrar Méliès. Há, neles, tanto uma magia que delineou o *primeiro cinema* capaz de nos impressionar quanto um legado que habita o dia a dia da produção e da imaginação audiovisual.

A importância da técnica entremeada à linguagem da imagem em movimento ressurge na experiência cinemática do filme de Scorsese. A abertura do filme com relógios e Paris em movimento acabou exigindo muito trabalho, investimento, tempo e tecnologia para resultar na sequência que situa o espectador no mundo de Cabret e, abertamente, envolve-o através de recursos da tecnologia 3D, por meio dos quais procura assombrar o espectador. De propósito, a abertura do filme corporifica a experiência da magia do cinema aos olhos do espectador, tal qual Méliès fizera. Scorsese enfrenta a necessidade de mostrar tal magia a seu espectador, pontuando aí sua ligação com Méliès. Scorsese se filia a Méliès e o enaltece, mostrando que cinema, mesmo hoje, pode produzir essa sensação de magia. Nessa condição, a técnica ganha um forte teor simbólico, e o 3D, uma tecnologia muito em voga em Hollywood da década de 2000, adquire uma capacidade expressiva distinta e adensada ao reiterar esse elemento fundamental do cinema: sua magia. O 3D deixa de ser um recurso visual para se tornar, aqui, um modo de rememoração do cinema.

Scorsese esclarece a importância de Méliès através da personagem do crítico Tabard. Apaixonado estudioso do cinema, ele conheceu Méliès na infância e explica, no filme, a trajetória de vida de Méliès, além de mostrar seus filmes ao espectador.

Essas formas de rememoração recolocam no presente o *primeiro cinema*, mostrando suas obras, suas técnicas, suas sociabilidades, suas características, ao tornar visíveis, de novo e de outra forma, suas imagens. Nuançar uma experiência audiovisual singular, tal qual no *primeiro cinema*, permite-nos jogar luzes sobre nossa cultura visual em suas singularidades.

IV. Imagem e memória do *primeiro cinema*

Assim como os autômatos, a grande maioria dos filmes de Méliès foi perdida – não apenas por descaso, mas também pela fragilidade dos negativos antigos. No filme norte-americano *Decasia*, de 2002 [com um trecho disponível em https://www.youtube.com/watch?v=jeEzb-ovf7A], o artista e *filmaker* Bill Morrison[18] explora esta frágil condição e a natureza dos filmes antigos, silenciosos, como os de Méliès.

Feitos em nitrato de prata, uma substância altamente inflamável e corrosível, estes filmes têm uma tênue materialidade. Muitos sobre-

---

18 Veja seu site oficial <http://billmorrisonfilm.com>.

viveram, mas aos pedaços, com bolhas e bolor, corroídos e alterados na cor. Em *Decasia*, Bill Morrison mostra como estes filmes antigos estão hoje, depois de anos de decadência e de desgaste. Vemos um filme diferente, bastante alterado daquele que a sua plateia original e primeira teria apreciado. Bill Morrison aborda o estado dessas imagens do cinema silencioso hoje, assume essa diferença entre o mesmo filme agora e antes, provocada pelo tempo e pelo uso. Ele nos força a perceber seu estatuto quase de ruína, de objeto com valor histórico intrínseco, a encantar e intrigar.

Os filmes que ele mostra são fragmentados, porque não são mais vistos em sua completude. Morrison nos motiva a desvendar ou imaginar o que é ausente nessas imagens, nos desafia também a completá-las. De certa maneira, esse *filmaker* chama também a atenção para a não linearidade desses filmes, como já vimos que eram os filmes de atualidades. Ele faz isso ao acentuar sua precária condição de existência e sua hiperfragmentação no tempo do agora. Sugere que vemos, hoje, um vislumbre do que foi, um dia, o *primeiro cinema*. Isso também é uma experiência inédita que conta sobre nossa relação com as imagens.

Em *Decasia*, a materialidade do filme reforça a diferença entre esse *primeiro cinema* e o tempo presente. O correr do

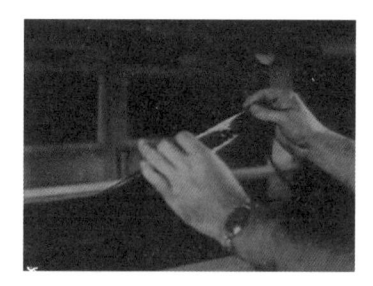

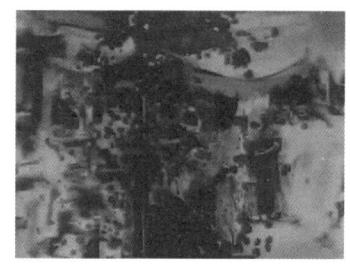

Figuras 3.32 a 3.35. Sequência de fotogramas do filme *Decasia*, de Bill Morrison (2002). Fonte: Bill Morrison. Página oficial do cineasta no youtube, sob licença padrão do site. Disponível em: <https://www.youtube.com/watch?v=jeEzb-0vf7A>. Acesso em: 30 jun. 2016.

tempo apaga e modifica a experiência de estar diante dessas imagens. O diretor escancara a dificuldade em tornar tais imagens compreensíveis no presente e indica uma descontinuidade entre nós e a primeira plateia, embora o primeiro cinema atue ainda na formação do nosso olhar.

V. O diretor-montador e o filme-memória

O filme brasileiro *Nós que aqui estamos por vós esperamos*[19], de 1999, é considerado por seu diretor, Marcelo Masagão, como um *filme-memória*. Isso porque Masagão o fez a partir apenas de imagens antigas, históricas, que ele buscou pesquisando em arquivos.

Masagão buscou fotografias históricas, mais ou menos conhecidas, pedaços de filmes antigos, silenciosos, de atualidades, ou então dos anos dourados de Hollywood. Recortou e recombinou diferentes trechos para montar a narrativa de seu filme – o produto final, inédito, desta montagem. Assim, através da montagem fílmica, com estas antigas imagens indiciais fixas e em movimento, Masagão produziu uma espécie de história do século XX, propondo alguns fios condutores. Por exemplo, ao pontuar grandes e pequenos homens e seus feitos, ao celebrar a cidade moderna e industrial, ao nomear a política e a cultura das esquerdas, ao frisar o papel e as funções desempenhados pelas mulheres.

→ A definição técnica de montagem é simples: trata-se de colar uns após os outros, em uma ordem determinada, fragmentos de filme, os planos, cujo comprimento foi igualmente determinado de antemão. Essa operação é efetuada por um especialista, o montador, sob a responsabilidade do diretor (ou do produtor, conforme o caso). (...) Todo filme, ou quase todo, é montado, mesmo se alguns comportam poucos planos. (...) Entretanto, o papel da montagem não é o mesmo em todos os filmes. A maior parte do tempo, ela tem, a princípio, uma função narrativa: a mudança de plano corresponde a uma mudança de ponto de vista, tem por objetivo guiar o espectador, permitir-lhe seguir a narrativa facilmente. (Aumont, Jacques; Marie, Michel. In: *Dicionário teórico e crítico do cinema.*)

19 O filme está disponível no link: <https://www.youtube.com/watch?v=-PX050Gztiw>.

O crítico franco-brasileiro Jean-Claude Bernardet comentou, logo em 1999, no jornal *Folha de S.Paulo*, o significado da montagem nesse filme:

> *Nós que aqui estamos por vós esperamos* é quase inteiramente composto de material de arquivo. O trabalho de montagem de um filme como este dá-se principalmente no nível do plano (ou parte dele): um plano é extraído de seu contexto – o filme original é desmontado – para ser inserido numa nova montagem. Nessa transposição, ele perde sua significação original, ou parte dela, e adquire outra que lhe é atribuída pelo novo contexto imagético e sonoro. O que era patético na montagem original pode tornar-se cômico na nova.
>
> Bernadet, Jean-Claude. O espectador como montador. *Folha de S.Paulo*, 15 de agosto de 1999. Versão digital disponível em: <http://www1.folha.uol.com.br/fsp/mais/fs15089916.htm>. Acesso em: 6 jul. 2016.

Sua montagem funciona acompanhada de uma trilha sonora de alta qualidade que a ritma e a colore, o que contribui para a (re)significação das imagens. Masagão fez uma ampla pesquisa de imagens audiovisuais guardadas em arquivos espalhados pelo mundo. Ele recuperou sequências pouco mencionadas ou lembradas, recombinando-as com obras consagradas da filmografia, como *O cão andaluz* (1929), *Berlim: sinfonia de uma cidade* (1927), *O general* (1926), para citar alguns.

Desta sua vasta pesquisa de arquivos realizada para alimentar seu filme e de sua montagem, podemos notar as imagens feitas da primeira plateia que ia ao cinema e a variedade de imagens existentes do *primeiro cinema*, e a importância da existência desses arquivos que tornam essas imagens hoje acessíveis e parte do nosso patrimônio imagético. Tais acervos viabilizam que se veja essa primeira filmografia e se indague a respeito da sua recepção, na medida em que ainda hoje desperta em nós uma impressão lúdica, leve, com certa inocência e que nos compraz. O espectador se envolve com essa imagem, encantando-se. Esse envolvimento dura quase um relance.

Na montagem estudada, Masagão tenta adensar parte dessas sequências com as experiências históricas às quais se vinculam. Esse procedimento surge numa sequência iniciada aproximadamente com 41 minutos de filme transcorrido. Nela, o diretor mostra um conjunto de moças dançando. Cada uma delas dança dentro de um copo. Por sua vez, os copos são manipulados por uma mulher lembrando um teatro de bonecos. Copos, fios e mulheres aparecem num plano frontal. As mulheres emolduradas no copo lembram uma apresentação de *vaudeville*.

Nessa curta sequência, o diretor-montador insere também outras sequências cinematográficas e legendas, justapondo o primeiro plano e fundo, no intuito de abordar a condição do gênero feminino através da apresentação de diversos elementos do século XX concernentes à condição feminina. Esta sequência ajuda a evidenciar, no século XX, a presença e a diversidade do feminino, numa tônica singular desse século, conforme sugere também a trilha sonora. Essas experiências femininas são deslocadas de seu lugar original – os filmes ou fotografias de arquivo – e rejuntadas no filme, ganhando a força de um argumento sociológico, como se advertissem a um espectador desavisado: veja o que elas fizeram nesse século.

Em seu processo de (re)significação e transposição das sequências de outros filmes para o seu filme-memória, Masagão rememora esses filmes do passado. No limite, pode-se pensar que ele sugere que é impossível entender o século XX sem passar pelo cinema. Em outras palavras, entende-se mais o século XX porque se viu cinema. Os tantos filmes do passado recolhidos ganham novas funções, usos e significados ao serem *transcriados* no filme de Masagão. A operação da montagem se assemelha à operação da memória, que desloca o sentido primeiro, reinventa novos sentidos para as imagens e, assim, torna-as contemporâneas e renovadas. Não se trata de citar apenas a imagem do passado, mas de mostrá-las com outros sentidos.

VI. Entre a narrativa e a linguagem cinematográfica

Como foi possível ver neste capítulo, diversos realizadores, de modos diferentes, problematizam a reatualização e a presença dos filmes do *primeiro cinema* em nosso mundo contemporâneo. A questão que parece ser chave é, enfim, como tornar visível o filme silencioso de outrora e quais são as formas de recuperação e rememoração dele?

Reiterando a importância de Méliès na formação do olhar, uma equipe de alunos formada pelos estudantes Juliana Gaspari, Marcelo

Coelho Nisida e Rafael Luís Bizarro contou-nos, em março de 2014, sobre seu premiado curta *12 sonhos por segundo*[20]:

> A ideia de *12 sonhos por segundo* veio primeiramente da vontade e da proposta de realizar um produto no formato de *stop motion* para uma disciplina de graduação em Midialogia da Unicamp. Em um segundo momento, havia uma vontade do grupo de que o projeto tivesse características de cinema de atração. Que fosse bonito e atraente. Durante um período próximo, estava em cartaz *A invenção de Hugo Cabret* de Martin Scorsese, que conta a historia de Hugo que tenta resolver um mistério mágico de seu passado. Nessa busca ele encontra a figura de Georges Méliès, um cineasta aposentado por um trauma que o fez deixar de lado sua fábrica de sonhos: o cinema. Essa temática altamente ligada ao chamado *primeiro cinema* e aos filmes de Méliès nos chamou a atenção. Todos já sentimos essa mágica ao ver algum filme. E, por isso, quisemos colocá-la em nosso curta-metragem, onde uma menina viaja pelos seus sonhos baseados em cenas clássicas da história do cinema, reforçando a associação entre sonho e cinema, e acaba na simbólica lua de Méliès como uma homenagem ao cineasta que acreditava na magia do cinema.
>
> Gaspari, Juliana; Coelho Nisida, Marcelo; Bizarro, Rafael Luís. Trabalho realizado em sala de aula, no curso de Midialogia, Unicamp, 2014.

Como vimos, o *primeiro cinema* é retomado por mais de um realizador e estudioso com abordagens distintas que, no conjunto, ajudam a entender e matizar mais as singularidades dessas imagens. Assim, o trabalho crítico de pesquisa da história do audiovisual traz à tona as especificidades dessa produção do *primeiro cinema*, tanto quanto algumas obras cinematográficas das décadas de 1990 e 2000 que o evocam.

Ao serem trazidas para o presente e pelas diversas maneiras como isso ocorre, o cinema se reatualiza, seja como arquivo em *Nós que aqui estamos por vós esperamos*, como referência digna e memorável em Hugo Cabret, como aprendizado e exercício criativo em *12 sonhos por segundo*, como de esquecimento em *Decasia*.

20 Filme disponível em: <https://www.youtube.com/watch?v=DCVUqDheN7I&feature=kp>.

ATIVIDADES DIDÁTICAS

1. Pesquisa e apresentação sobre as técnicas do pré-cinema

Propomos iniciar as atividades didáticas deste capítulo com uma pesquisa em grupos sobre os aparatos visuais que antecederam e também conviveram com a chegada do *primeiro cinema*, tais como as descritas no item I (por exemplo, os quinetoscópios, panoramas, mutoscópios, dioramas, lanternas mágicas). A partir do contato com estes aparatos e o seu funcionamento, os estudantes podem ganhar a dimensão de como a imagem em movimento – seja ela indicial ou não, neste primeiro momento –, já era desejada e buscada mesmo antes da invenção do cinema.

Os estudantes podem ser convidados a ler o artigo "Uma breve arqueologia das técnicas de animacão pré-cinematográfica a partir do século XIX: reflexões sobre a representacão em ciclos", de João Henrique Duarte Nadal[21]. Neste artigo, o autor faz uma definição generalizante dos aparatos óticos do pré-cinema da seguinte forma:

> As técnicas pré-cinematográficas (...) compartilham uma série de características comuns: a presença da ação humana se faz a partir da produção e animação manual de suas imagens, isto também confere um caráter artesanal que revela uma natureza visual mais alinhada ao universo gráfico do que ao fotográfico. Além disso, elas funcionam com o uso de *loops* que sempre retornam ao ponto inicial.
>
> *Revista Tuiuti*: Ciência e Cultura, Curitiba, n. 48, p. 161-77, 2014.

Essas primeiras experiências com a imagem em movimento mostram, portanto, como a visualidade do período se deslocava da imagem fixa e fotográfica. O seu caráter artesanal é ressaltado, porque ele é característico não só deste pré-cinema, como também do *primeiro cinema*. Diversas das imagens utilizadas por estes aparatos foram digitalizadas e animadas pelo colecionador Richard Balzer e podem ser vistas em seu site

---

21 Disponível em: <https://seer.utp.br/index.php/h/article/view/949>.

e sua página no *tumblr* (<http://www.dickbalzer.com> e <http://dickbalzer.tumblr.com>).

Os estudantes podem se dividir em grupos, e cada grupo pode pesquisar um dos tipos de aparatos visuais do pré-cinema, apresentando para o restante da sala o aparato, seu modo de funcionamento e, em especial, a técnica de animação que ele usa. Se o professor achar que cabe, pode também pedir que os alunos construam uma reprodução do aparato.

2. Análise de filme: os modos de fazer
o *primeiro cinema*

O filme *A invenção de Hugo Cabret* fala sobre um dos principais nomes do primeiro cinema, Méliès. Assistindo ao filme com os estudantes, podemos retomar a dimensão artesanal do *primeiro cinema*, mais próximo dos espetáculos de variedades, de magia e do teatro do que da indústria cinematográfica atual. A feitura praticamente artesanal dos filmes de Méliès pode ser vista no filme de Scorsese através da ocupação dos personagens principais – como o trabalho do Méliès velho, que vende peças, e o da família de Hugo, ele mesmo, o pai e o tio relojoeiros – e dos *flashbacks* que mostram o estúdio do Méliès jovem, o trabalho do diretor, atores e naquilo que hoje chamamos de efeitos especiais.

Sugerimos um roteiro com questões que ajudem os estudantes a pensar sobre a produção deste *primeiro cinema* ao assistirem *A invenção de Hugo Cabret*:

- *Boa parte dos personagens principais do filme são pessoas de ofício. Quem são os personagens e os ofícios retratados no filme?*
- *Alguns destes personagens e ofícios se associam diretamente ao primeiro cinema no filme. Como isso acontece?*
- *A ligação entre Hugo Cabret e o homem da loja de brinquedos de onde ele roubava peças se dá por meio de um desenho. Qual é este desenho e qual sua importância?*
- *Como o filme retrata o estúdio de Méliès?*

- Como são retratados os "efeitos especiais" que ele criava?

Ao assistir ao filme com este pequeno roteiro em mãos, os estudantes poderão, em duplas ou grupos, produzir um breve texto sobre os principais aspectos deste *primeiro cinema* ressaltados por Martin Scorsese, recuperando no filme as formas de produção praticamente artesanais desta imagem.

Exemplos dessas formas de produção da imagem cinematográfica de Méliès reproduzidas no filme de Scorsese são, entre outros, a coloração da imagem, as fumaças e cortes que produziam os efeitos especiais, a presença de esculturas articuladas e manuseadas para se movimentar etc.

A ligação entre Hugo Cabret e Méliès no filme de Scorsese é desvelada quando o autômato é finalmente posto em funcionamento e se descobre que a habilidade dele é fazer o desenho de uma cena do filme *Viagem à Lua* (1902), de Méliès. Esta é uma das cenas mais famosas de toda a sua produção.

Nos mesmos grupos ou duplas, os estudantes podem fazer uma rápida pesquisa dos filmes de Méliès que estão disponíveis no *YouTube* (o *link* a seguir traz uma *playlist* com mais de cem trechos curtos e filmes que sobreviveram completos: <https://www.youtube.com/playlist?list=PLue4rhsHxp6-YJ5B4KbolQAqMU8TE6Yc7>). Em especial, eles irão assistir ao *Viagem à Lua*, que está disponível nas duas versões que circularam na época em que foi feito: em preto e branco (<https://www.youtube.com/watch?v=_FrdVdKlxUk>) e também colorido manualmente, quadro a quadro (<https://www.youtube.com/watch?v=qz9IS73Uwkw>). Depois de ver as duas versões do filme, metade dos grupos/duplas pode escrever uma análise de como o filme foi feito – seus efeitos especiais, os cenários, o figurino etc. A outra metade escreve sobre como é construída a narrativa do filme – a configuração do cientista, a noção de ficção científica, a representação do habitante da lua etc. Em seguida, os textos podem ser trocados. A dupla/grupo que escreveu sobre um tema lê e comenta sobre o texto de uma dupla/grupo que escreveu sobre o outro.

3. As primeiras experiências na sala de cinema

A invenção de Hugo Cabret nos permite estabelecer três diferentes momentos de produção e também de modos de se assistir ao cinema: o de Méliès e do *primeiro cinema*; o da descoberta deste *primeiro cinema* por Hugo Cabret, em um período (depois da Primeira Guerra Mundial) em que o cinema de fantasia perdeu espaço para o cinema narrativo e linear; e o da redescoberta e retomada da importância deste *primeiro cinema* por Scorsese e por nós, que assistimos a seu filme, que assistimos a ele em grandes salas de cinema 3D em shopping centers.

Com o objetivo de ajudar a definir as especificidades deste *primeiro cinema* e as condições contemporâneas do ir ao cinema, pode-se fazer uma pequena pesquisa a respeito da etnografia quanto ao modo de ver filme a partir da década de 1980.

→ **Etnografia** significa "escrever sobre grupos de pessoas". Uma pesquisa ou estudo etnográfico deve estudar os povos em seus ambientes: sua história, cultura, práticas e hábitos.

O estudante, individualmente ou em grupo, pode fazer uma pesquisa em crônicas literárias, fotografias, propagandas, jornais, sobre os modos de ver filmes em diferentes períodos. As principais questões levantadas podem ser:

- o deslocamento entre as décadas de 1980-1990 das salas de cinema do centro urbano para os shoppings, resultando no fechamento de muitas salas de rua no Brasil e na transformação delas em espaços de culto religioso;
- o aparecimento de uma nova família de objetos e tecnologias de reprodução fílmica, que se estende do hoje "obsoleto" aparelho

de vídeo ao computador, apontando diferenças entre os sistemas de TV por assinatura e o Netflix, por exemplo.

Convém especificar a multiplicação desses objetos e serviços no âmbito doméstico e a multiplicação das telas como objetos que adentram os espaços privados, íntimos e públicos, pois aparecem numa infinidade de espaços, dos consultórios médicos aos aeroportos.

Essa etnografia pode mapear as sociabilidades envolvidas em tais imagens, considerando os modos de ir ao cinema entre os anos de 1980 a 2010, os modos de vestir, os horários, as estreias, as sequências cinematográficas como aquelas espetaculares de *Harry Potter* e da série *Crepúsculo*, e as formas de ver filmes em casa, em trânsito, com horários a escolher, *delivery*, *on demand*, baixando e assim por diante.

4. Entendendo o conceito de montagem no cinema

No item V deste capítulo há um quadro com a definição de montagem cinematográfica, como formulada por Jacques Aumont e Michel Marie:

> A definição técnica de montagem é simples: trata-se de colar uns após os outros, em uma ordem determinada, fragmentos de filme, os planos, cujo comprimento foi igualmente determinado de antemão. Essa operação é efetuada por um especialista, o montador, sob a responsabilidade do diretor (ou do produtor, conforme o caso). (...) Todo filme, ou quase todo, é montado, mesmo se alguns comportam poucos planos. (...) Entretanto, o papel da montagem não é o mesmo em todos os filmes. A maior parte do tempo, ela tem, a princípio, uma função narrativa: a mudança de plano corresponde a uma mudança de ponto de vista, tem por objetivo guiar o espectador, permitir-lhe seguir a narrativa facilmente (Aumont, Jacques; Marie, Michel. *Dicionário teórico e crítico de cinema*. Campinas: Papirus, 2003, p. 195-196).

A partir desta definição – e de outras fontes, se o professor considerar necessário – o aluno pode interpretar a sequência intitulada "4 pernas" do filme *Nós que aqui estamos por vós esperamos*, de Marcelo Masagão (a sequência faz parte do capítulo "4 pernas", aos 37'40", disponível em <https://www.youtube.com/watch?v=-PXo5oGztiw>). Neste trecho,

a noção de montagem encontra-se bastante explícita. Em grupos, por escrito, os estudantes devem atentar para:
- quando há cortes;
- os diferentes planos (partes ininterruptas do filme);
- como se dá a junção dos diferentes planos.

5. Entendendo a linguagem cinematográfica a partir da montagem

Depois de estudar, no exercício anterior, como funciona uma montagem, pode-se agora refletir sobre o que pode dizer uma montagem, seu conteúdo, a partir da sequência de Nós que aqui estamos por vós esperamos citada no item V deste capítulo. Esta sequência se inicia aproximadamente aos 41 minutos do filme, e fala sobre a mulher e o feminino.

Os estudantes podem assistir à sequência para elencar os elementos que falam sobre a mulher e o feminino. Alguns destes elementos seriam:
- o tamanho da saia; o ato de fumar; a campanha pelo voto feminino; a ida ao cinema; a mulher que mata; a ousadia de Josephine Baker; mulheres dançando e trabalhando em várias situações.

Por escrito, individualmente ou em grupos, estes elementos são mapeados e comentados. São eles:
a) como o diretor articulou estes elementos para construir uma narrativa, e
b) quais as características desta narrativa.

As atividades deste capítulo partiram dos aparatos visuais que precederam a invenção do cinema, passaram pelos primeiros momentos desta nova imagem, para chegar até a sua recuperação e revalorização pela indústria cinematográfica de Hollywood nos dias de hoje. Os aparatos óticos de meados do século XIX marcam o início da incorporação do tempo e de uma temporalidade à imagem. Já o *primeiro cinema* de Méliès vem marcar o processo, ainda artesanal, de manipulação desta imagem no tempo, de modo a criar narrativas. A montagem cinematográfica, que está já na base da construção narrativa do *primeiro cinema*, é então desvelada como um dos componentes principais da linguagem cinematográfica, trazendo para mais perto de nós as questões trabalhadas. Assim, podemos nos aproximar melhor não só da história do cinema, mas também das visualidades colocadas em evidência a partir deste tipo de imagem indicial. Ao mesmo tempo, buscamos também matizar alguns modos pelos quais os processos narrativos e a própria linguagem da imagem em movimento foram sendo construídos.

4. AS IMAGENS ENTRE IMAGENS

I. As aberturas de *Os Simpsons*

Neste último capítulo, pretendemos debater de que formas as imagens conversam entre si, chamando a atenção para gêneros narrativos, a partir de uma experiência televisiva de muito sucesso e, de modo geral, conhecida do estudante e do professor. Comentaremos a série *Os Simpsons* sob diversos pontos de vista: desde seu diálogo com outros programas do gênero, até, em especial, o estatuto da imagem e a capacidade de crítica construídos no seriado, algo muitas vezes ausente num programa de televisão do horário nobre e de circulação mundial, no formato de desenho animado.

Os Simpsons é um *sitcom* de animação norte-americano criado por Matt Groening e transmitido pela Fox Broadcasting Company. Estreou em 1989 e iniciou sua 26ª temporada em setembro de 2014. No universo das redes televisivas norte-americanas, onde o *sitcom* se destaca como gênero, é a série de animação mais longeva, o que revela a força de seu processo criativo e a ampla

→ *Sitcom* é a junção das palavras em inglês *situation comedy* – que poderia ser traduzido por "comédia de costumes", que pressupõe situações de família, ou cotidianas, geralmente com tom humorístico.

aceitação do público e da crítica. Dessa animação, já se produziu um longa-metragem, *Os Simpsons: o filme*, em 2007.

Esse desenho animado segue uma tradição de *sitcoms* de famílias na TV, inaugurado com *I Love Lucy*, em 1951. Essa tradição televisiva abrange as séries *Papai sabe tudo*, exibida entre 1954-1960, que era anteriormente um programa de rádio; *Os Waltons* exibida entre 1972-1981 e distribuída pela Warner Bros. Domestic Televison Distribution; *Família Do Ré Mi*, apresentada nos Estados Unidos pela rede ABC entre 1970 e 1974; *Dallas*, produzida entre 1978-1991 pela rede CBS; ou ainda, mais recentemente, *Brothers and Sisters*, *The Good Wife* ou *The Sopranos*[22]. Essa tradição inclui uma vertente em animação em que aparecem *Os Flinstones* e *Os Jetsons*, cujo título alude ao sobrenome familiar, tal qual em *Os Simpsons*, sem esquecer a *Família Dinossauro* exibida entre 1991-1994.

Os Simpsons surgiram primeiro no programa da Fox *The Tracey Ullman Show*, exibido entre 1987-1990, como curtas de 30 segundos, e depois se transformaram num programa em si, carregando várias personagens do elenco do *The Tracey Ullman Show*. No Brasil, *Os Simpsons* é exibido pela Fox em sinal fechado e pela rede Bandeirantes na rede aberta. Ele enfoca, em tom de comédia, uma família disfuncional, que representaria, no senso comum, uma família da classe média norte-americana, projetada muitas vezes pela indústria dos meios de comunicação de massa como o padrão de classe média no Ocidente.

Em resumo, esse *sitcom* tem as seguintes características. Homer, chefe da família, frequenta diariamente o Bar do Moe, é um trabalhador relapso, funcionário de uma usina atômica, glutão, viciado em televisão e em consumo barato, apaixonado pela paciente esposa Marge Bouvier Simpson, antes promissora estudante. Ela tenta equilibrar a família. Suas duas irmãs, Patty e Selma, fumantes inveteradas, ligeiramente invejosas, são apaixonadas pelo agente secreto televisivo MacGyver e colocam a sexualidade feminina em pauta, seja com a recém-assumida lésbica

---

22 Outras séries abordam a família disfuncional em tons distintos d'*Os Simpsons*, por exemplo: o humor negro em *Um amor de família* (1987-1997); a conformação familiar não usual, como em *Três é demais* (1987-1995); o aspecto surrealista de *Family Guy* (1999).

Patty, seja pela avidez de Selma ao se envolver com os homens. As duas acentuam, em contraponto, o lado sensato de Marge.

Bart é o filho de 10 anos, *skatista*, que cabula aulas e passa costumeiramente trotes no Bar do Moe. Encrenqueiro, mau aluno, malicioso, sem futuro promissor, é fã devotado do palhaço Krusty, seu ídolo televisivo, e do cão de estimação Ajudante do Papai Noel. Já sua irmã, Lisa, de 8 anos, tem um QI alto, adora estudar e tocar saxofone. É incompreendida muitas vezes pelos adultos e pelos colegas da sua idade, pois não entendem do que ela fala. Isto é, a capacidade intelectual a isola em Springfield, cidade natal de Os Simpsons. A caçula de um ano chama-se Maggie, que chupa insistentemente sua chupeta. É esperta e permanentemente silenciosa.

Outros personagens animam a vida familiar e citadina, adensando os dramas da série: a mãe desaparecida de Homer, seu pai internado numa casa para idosos, o vizinho Flanders. Há também os núcleos de personagens da escola, como o diretor Skinner, o núcleo dos personagens amigos das crianças, a gente do Bar do Moe, o *serial killer* que persegue Bart, e o rico ancião Sr. Burns e seu fiel secretário Smithers.

No todo dessa série, os anos não passam no tempo presente dos episódios. Os filhos permanecem na mesma idade, todos têm um objeto que os define já na abertura do programa (o *skate*, o sax, a chupeta) e a dinâmica cotidiana entre eles motiva a narração da maioria dos episódios, por exemplo, a visita escolar a Washington D.C. ou a atuação de Maggie para solucionar quem matou o Sr. Burns.

A família cultiva o hábito de ver TV. Não à toa, em diversos momentos, vemos o jornal noturno na tela, *Comichão & Coçadinha* – o desenho animado à moda de *Tom & Jerry*, porém mais violento –, *reality shows* e concursos de TV dos quais a família até participa. De certa maneira, se acontece na TV dos Simpsons, é porque, de fato, acontece. A tela da TV deles é um elemento visual que entrelaça tramas e narrativas. A abertura de cada episódio mostra, ao final do dia, toda a família correndo do trabalho, da escola, do supermercado para sentar na sala de estar na frente da tela da TV, que brilha com sua programação. Nesse aspecto, não apenas as famílias norte-americanas se identificam com *Os Simpsons*, mas também as brasileiras: de certa maneira, assistir à TV foi e segue sendo um forte hábito familiar e social no Brasil ligado ao sistema Globo, instituição corporativa com um *slogan* que expressa a construída integração nacional e social através deste meio de comunicação: *A gente se vê por aqui*.

Por outro lado, ao longo das temporadas de *Os Simpsons*, vê-se uma mudança no traço e no acabamento dos desenhos dos personagens, bem como um apuro narrativo acerca da abertura de cada episódio. As aberturas[23] mantêm, em geral, o mesmo esquema narrativo de cada membro da família voltando para casa e indo para o sofá da sala de TV, mas pode variar. Em episódio de 2008, a abertura parodia com signos de *Os Simpsons* e a abertura da série *Mad Men*[24], quando Homer, numa sombra negra, dubla o lugar de Don Draper[25].

Ou seja, a abertura parece fazer um comentário a respeito da produção televisiva norte-americana, dialogando francamente com ela e elegendo-a enquanto referência – em uma relação intertextual entre as imagens de *Mad Men* em Hommer e das narrativas que conferem um tom dramático, conflituoso, dúbio de Don Drapper, personagem central de *Mad Men*, à vida simplória, linear, meio ridícula de Hommer.

Essas variações da abertura são mais uma tática de capturar a atenção do espectador, que não troca de canal enquanto as vê, interessado nesse microuniverso da família, por vezes bem inventivo. Assim, essas aberturas seguram a atenção da audiência, evitando que o telespectador use seu poder de trocar de canal ou "zapear" com o controle remoto.

Em 2010, o artista de rua britânico Banksy assinou uma das aberturas de *Os Simpsons*. Foi a primeira vez que um artista reconhecido foi

---

23 No link <https://www.youtube.com/watch?v=MFkvt5AutPI> há uma seleção de aberturas de *Os Simpsons*.

24 Exibida no Brasil pela TV Cultura e pelo canal fechado HBO, a série retrata o cotidiano de uma agência de publicidade em Nova York, na década de 1960, e a vida pessoal de alguns de seus empregados. Veja a abertura desta série em: <https://www.youtube.com/watch?v=WcRr-Fb5xQ0>.

25 A abertura original de *Mad Men* pode ser vista no *link* <https://www.youtube.com/watch?v=WcRr-Fb5xQ0>. Já a paródia de *Os Simpsons*, em <https://www.youtube.com/watch?v=HFj5pqGvA34>.

convidado para uma encomenda assim. Essa abertura[26], feita em 2010, já foi visualizada 13.322.643 vezes no *Youtube* até dezembro de 2013.

Já no início, quando a abertura ainda segue o enredo tradicional, aparece um *outdoor* do palhaço Krusty, personagem habitual do *sitcom*, mas pixado com o nome de Banksy. No decorrer da abertura, ela escapa do enredo tradicional exatamente no momento em que a família para na frente da TV. A parte em que há a intervenção de Banksy nos mostra o que acontece por trás da feitura do desenho animado. Durante este segmento, pode-se ver o momento em que, da sala de TV dos Simpsons, a abertura pula para a espécie de masmorra, local onde seriam os bastidores do programa, na versão de Banksy. Lá estão muitas pessoas de traços asiáticos, vestidas iguais, sentadas em um galpão, desenhando os *frames* que vão montar a animação do *sitcom*. Em seguida, esses desenhos são dados para uma criança, que os banha em um tonel com um símbolo de risco biológico e os pendura em um varal com muitos outros desenhos – ou seja, a cadeia de feitura de *Os Simpsons*, representada como fruto de trabalho degradante, e *made in China*.

A abertura de Banksy traz para a tela da TV o sistema mercadológico e o sistema de trabalho cruel inerente aos Simpsons, assumindo que estes também são, por natureza, mercadoria. Sem desconsiderar o mundo fabril para além da tela da TV, essa abertura traz o comentário crítico de Banksy, ao tornar visível o que estava oculto no *sitcom*, sobretudo quanto às formas de trabalho análogas à escravidão. Sua maior crítica incide em mostrar que o entretenimento se sustenta com a exploração do trabalho infantil e crimes ecológicos. Esta crítica, sempre feita de forma exagerada e caricata, aparece, por exemplo, com a presença de um menino nesta cadeia de produção, representando o trabalho infantil. Aparece também com a exploração e o assassinato de animais fofos ou fantásticos, para alimentar a fábrica de produtos de *merchandising*, como um urso panda escravizado, e a cabeça de um unicórnio usada para fechar caixas que contêm bonecos do Bart.

---

26 Encontra-se disponível em: <http://www.youtube.com/watch?v=DX1iplQQJTo>.

Dessa maneira, o autor torna visível os jogos de poder inerentes à Fox e aos produtos audiovisuais de entretenimento fabricados em escala mundial, dos quais também ele não se exime. De alguma maneira, ele mostra como os Simpsons sentados no sofá, tal qual o telespectador, consomem quase inocentemente essa produção audiovisual.

Problematizar essa abertura exige de nós a noção de que desempenhamos, em simultâneo, os papéis de *leitor*, *internauta* e *telespectador*, porque você lê este texto, acessa sua experiência como telespectador e consulta a abertura provavelmente *on-line*. Exige também recuperar, em certa medida, a trajetória da abertura como parte integrante da estrutura desse *sitcom*.

II. A obra de Banksy

Para adensar a análise dessa abertura, cabe indagar sobre Bansky. Ele é um artista de rua, britânico, que cultiva seu anonimato, embora seja altamente reconhecido. Conhece-se sua obra, que está espalhada em muros e nas ruas das grandes cidades inglesas e dos Estados Unidos. Ele inscreve sua obra em grafites no corpo da cidade. Escolhe paredes e muros para expor sua arte, inquirindo, muitas vezes, o estatuto da autoridade constituída. Aborda a autoridade dos policiais ingleses ou mesmo a violência silenciosa do muro a dividir a Palestina (como nas Figuras 4.1 e 4.2), sempre requisitando uma inteligência bem-humorada, irônica, lacônica, por parte do espectador, leitor, internauta. Ao mesmo tempo, investe na força expressiva de suas imagens com gestos simples, humorados, cotidianos, o puxar a cortina (novamente a Figura 4.1), gestos por vezes desconcertantes.

Sua obra se desdobra dos muros para livros, exposições em museus e centros culturais, afora o site mantido por ele (<www.banksy.co.uk>). Em meio a muitas polêmicas com outros artistas da *street art*, ele se destaca e ganha prestígio ao ser comercializado pelas grandes casas de leilão de arte ou contemplado com residências artísticas. Suas obras em muros de Londres já foram pintadas de branco por cima, apagadas, limpas pelo poder público ou ainda preservadas por este mesmo poder sob a justificativa

Figuras 4.1 e 4.2. Grafites de Banksy na Palestina. *Banksy. Guerra e spray.* Rio de Janeiro: Intrínseca, 2012.

Figura 4.3. Grafite urbano de Banksy. *Banksy. Guerra e spray.* Rio de Janeiro: Intrínseca, 2012.

de que se trata de uma obra de arte, o que evidencia a recepção contraditória de sua obra.

Banksy cultiva estrategicamente o anonimato, sugerindo que qualquer um pode ser um artista sem *glamour*, destituído da noção de celebridade. Em seu livro *Wall and piece*[27], publicado em 2005, na Inglaterra, e traduzido no Brasil como *Banksy. Guerra e spray*, em 2012, ele se autorretrata com um retrato na altura do rosto pixelizado, numa roupa juvenil de skatista, de alguém da cultura *hip hop* (Figura 4.5). Nessa imagem, o rosto se esconde, mas se vê um retrato. As linhas regulares de quadrados no chão e os retângulos na parede refor-

---

27 *Piece* é um tipo de grafite de grandes pinturas colocadas em muros e que, usualmente, buscam o efeito 3D, como nas imagens do muro da Palestina (Figuras 4.1 e 4.2). O título foi transcriado ao transformar *wall* (muro/parede) em guerra e *piece* em *spray*, um objeto necessário e específico da cultura do grafite, acentuando seu teor beligerante.

çam o retrato de feitio digital, na altura do rosto, a escondê-lo como se fosse uma máscara de si. Ele declarou: "As pessoas ou me amam, ou me odeiam, ou realmente não me dão a mínima". Antes, já negara a fama tola: "O tempo de tornar seu nome famoso sem nenhum motivo já era. A arte cujo objetivo é apenas a vontade de ser famoso nunca vai ser famosa".

Ele atribui à arte um papel de intervenção que ultrapassa a cultura do consumo e a celebração da *fama fácil*. Ele insiste no anonimato, criando para si uma espécie de assinatura com o rato de rua, vagabundo, que o secunda em mais de uma imagem no livro. Aliás, ele abre o livro autorizando a quebra do *copyright*, instigando o leitor a usar e reinventar suas imagens. Logo, o leitor é instado a se tornar um novo artista que intervém no espaço público e, para tanto, deve assumir responsabilidades. Da mesma forma, em seu site, o artista disponibiliza livremente um arquivo que contém a imagem de sua assinatura estilizada, que pode ser baixado pelo internauta para imprimir e estampar em camisetas ou reinventar seus usos ou até alterar as imagens. Banksy interroga o estatuto da imagem, da obra de arte e o lugar do artista.

Figuras 4.4 e 4.5.
Autorrepresentações de Banksy. *Banksy. Guerra e spray.* Rio de Janeiro: Intrínseca, 2012.

Com uma intervenção pequena, pontual, Banksy altera substancialmente o sentido da pintura de tema cristão da madona com a criança (Figura 4.6). Ele entra com um signo, o *iPod*, que altera o sentido simbólico do quadro. Cria um anacronismo dentro deste, pois o menino Jesus não teria um *iPod*, tampouco haveria um na ocasião em que o quadro foi pintado. Porém, o colo da mãe ao filho nos aproxima da obra, fazendo-a

Figuras 4.6 e 4.7. Recriações de obras-primas da história da arte por Banksy. *Banksy. Guerra e spray*. Rio de Janeiro: Intrínseca, 2012.
Figura 4.8. Banksy faz uma apropriação da fotografia da menina atingida por napalm. *Banksy. Guerra e spray*. Rio de Janeiro: Intrínseca, 2012.

nossa contemporânea, através desse suposto gesto universal.

O mesmo ocorre em outra pintura (Figura 4.7), numa clara alusão a Monet e à paisagem característica de sua obra: a ponte e as ninfeias. Só que aqui o jardim passa a impressão de completa degradação, com os anacrônicos cone e carrinhos de supermercado – o que pode ser entendido como um símbolo de consumo – jogados e meio imersos no lago das flores. Trata-se de um jogo de aproximação e de distanciamento que provoca estranhamentos nítidos na obra, aproximando-a do mundo vivido. Assim, ele suscita o debate sobre a própria condição histórica da imagem, os seus diferentes usos e significados, atualizando-a com elementos da hegemonia das mídias e do mundo urbano com suas agruras.

Essa opção de Banksy de tornar visível o que ronda a imagem, o que a acompanha, ganha um tom mais ácido na imagem em que ele se reapropria da menina correndo do ataque de napalm, na fotografia da Guerra do Vietnã, e a coloca de mãos dadas com um ícone infantil e alimentar do mundo norte-americano, Mickey e Ronald McDonald (Figura 4.8).

A fotografia original[28] foi feita pelo fotógrafo vietnamita Nick Ut em 1973 e mostra crianças vietnamitas correndo, feridas por um ataque norte-americano com napalm. A menina que corre, ao

→ Napalm é a mistura de um agente gelatinoso com combustível que forma um líquido inflamável. Usado como arma em situações de guerra, ele gruda na pele causando queimaduras.

---

28 Ela pode ser vista em <http://acervo.oglobo.globo.com/fotogalerias/a-guerra-do-vietna-9524949>, e sua história é contada em detalhes no seguinte link: <http://internacional.estadao.com.br/noticias/geral,foto-da-menina-do-napalm-completa-40-anos-de-historia,883926>.

centro da foto original, e que foi mantida na imagem de Banksy, é Kim Phuc. Na época com 9 anos, ela teve 65% do corpo queimado no ataque, em especial suas costas e seu braço. A fotografia de Nick Ut deu muitos prêmios para o fotógrafo e gerou muita comoção na época, tanta que se considera que ela influenciou de tal modo a opinião pública contra a guerra, ajudando a encerrá-la. A fotografia voltou a ser bastante comentada em 2012, quando completou 40 anos.

Assim como a fotografia de Joe Rosenthal do hasteamento da bandeira em Iwo Jima, comentada no capítulo 2, esta fotografia de Ut passou a simbolizar a histórica Guerra do Vietnã, mas de uma forma crítica: ela simboliza não um ato de heroísmo, mas sim o sofrimento de crianças inocentes, vítimas da guerra. Essa menina é facilmente reconhecível na reapropriação de Banksy – assim como a paisagem de Monet, ou a pintura cristã.

Banksy retira a figura da menina da sua fotografia original e identifica quem financia e se interessa por essa infância aterrorizada. Para Banksy, a obra de arte e a imagem resultam da intervenção dentro delas e, ao serem vistas, afetam a compreensão do coletivo e do indivíduo. Sua atuação artística torna-se um gesto político. Por outro lado, esse artista tem clareza de que sua obra também integra, dinamiza, dilata e tensiona o circuito das artes. Seu livro, que pode ser considerado um livro de arte e/ou de artista, é uma mercadoria e, abertamente, sugere que o leitor o reinterprete, transformando-o.

Banksy assinala seu objetivo: "Algumas pessoas se tornam policiais porque querem fazer do mundo um lugar melhor. Algumas pessoas se tornam vândalos porque querem fazer do mundo um lugar visualmente melhor" (p. 8). Ele segue algumas estratégias para alcançar esse objetivo, entre elas: a imagem ocupa o espaço público e tematiza uma questão crucial da convivência social; ele questiona o consumo da obra de arte e seu circuito, notando que a recepção da obra se altera historicamente; ele busca tornar visível, na obra, o que lhe é invisível e constitui necessariamente seu sentido. Assim, a imagem resultaria de um elaborado e sintético projeto que se converte numa intervenção visível marcada pela discussão do poder das imagens.

A abertura do *sitcom Os Simpsons* e a obra de Banksy buscam explicitar criticamente que existe uma engrenagem a produzir sentidos junto ao que vemos. Voltamos, assim, ao *problema histórico* que buscamos levantar, a saber, que as imagens são um *constructo histórico* com protocolos diversos e durações distintas, que ficam imersos em nosso cotidiano e acabam por também configurar nossa educação visual.

ATIVIDADES DIDÁTICAS: PROJETOS TEMÁTICOS

1. *Os Simpsons* e as imagens entre imagens

Assim como aconteceu na paródia com a abertura de *Mad Men*, em diversos episódios de *Os Simpsons* são mostradas referências a filmes hollywoodianos, cujas cenas muitas vezes clássicas são recriadas nas aventuras da família de Homer e Bart, como paródia.

Algumas dessas paródias podem ser comparadas com os filmes originais no vídeo *The Simpsons' Movie References* (*As referências de filmes dos Simpsons*), que está disponível no *YouTube* (<https://www.youtube.com/watch?v=DXaxKQZhPWI>). Podem também ser consultadas, quadro a quadro, na página <https://www.oversodoinverso.com.br/simpsons-e-suas-referencias-a-filmes-famosos/>, que traz imagens comparativas de algumas dessas cenas.

Podemos iniciar as atividades deste capítulo pedindo aos alunos que observem, no vídeo que compila alguns exemplos, como são construídas as paródias de filmes n'*Os Simpsons*.

É importante que eles notem que a construção é feita unicamente por meio de imagens. Por exemplo, em um destes episódios, a pequena Maggie, com um martelo, ataca seu pai, Homer, que está no chuveiro. Aqui, a paródia é com o filme *Psicose*.

Nas imagens deste quadro comparativo podemos ver o ponto de vista da câmera, em que momento são realizados cortes, as expressões dos personagens, e que seguem, na paródia do *sitcom*, a mesma sequência que a famosa cena do chuveiro de *Psicose*, dirigido por Alfred Hitchcock, um dos maiores nomes do cinema *noir*, em 1960.

Usando esta análise como um gancho, pode-se pedir que os estudantes assistam a mais trechos e episódios de *Os Simpsons* disponíveis, atentando em especial para o papel das imagens no seriado: a presença de referências a filmes, como já foi visto; a presença importante da TV na vida da família; a variedade de aberturas.

A TV é peça importante em *Os Simpsons*, seja pela devoção de Homer e seus filhos a ela, seja pela presença de personagens do mundo da TV na realidade da família: o apresentador do telejornal, o gato e o rato do desenho animado *Comichão e Coçadinha*, o palhaço Krusty e seu ajudante etc. A abertura tradicional do *sitcom* reitera essa importância, pois mostra os membros da família em suas diversas atividades diárias, se movimentando de volta para casa e convergindo no sofá, sentados em frente à TV. Mesmo as aberturas variadas, com inserções como a de Banksy, na maioria das vezes mantém esse aspecto. Ou seja, as aberturas servem também para reiterar o núcleo familiar, a casa da família, o sofá onde se reúnem para ver TV e Springfield.

Uma terceira etapa pode ser então uma reflexão mais demorada sobre a abertura de *Os Simpsons* com Bansky, em especial. Os estudantes podem assistir a esta abertura (disponível em: <http://www.youtube.com/watch?v=DX1iplQQJTo>) e pensar sobre a série de elementos visuais característicos da cadeia produtiva da qual *Os Simpsons* participa, na lúgubre fábrica.

Os estudantes poderão destacar: o uso contraposto da cor, o cinza para operários e os coloridos para o desenho dos personagens dessa família aparentemente comum, mas televisivamente famosa; a presença dos animais muito estimados, ficcionais ou de forte apelo ecológico e que são recorrentemente evocados pelas mídias (o panda, o golfinho, o unicórnio), contrapostos ao trabalho infantil e aos ratos; a organização espacial da tela da TV na sala dos Simpsons ao sistema fabril organizado em andares de exploração; os objetos que são mercadorias produzidas nesta fábrica e suas formas de consumo, inclusive em nosso dia a dia; o símbolo em preto e branco da Fox no final.

O objetivo é que os estudantes percebam que Banksy, em sua abertura de *Os Simpsons*, tece um comentário visual sobre a própria série enquanto produto audiovisual entremeado a um sistema mercantil e mediático.

2. Banksy e a sociedade de consumo

Nesta atividade, pode-se problematizar o modo pelo qual Banksy critica o consumo de arte e sua recepção contemporânea, ao lado do debate a respeito da sua abertura para *Os Simpsons*.

Instigados pelo vídeo da abertura do *sitcom*, os estudantes podem ser convidados a, em grupos, fazer uma breve pesquisa sobre o artista Banksy em livros (como *Guerra e spray*), em sites da internet (por exemplo, o site do artista, <www.banksy.co.uk>) etc., para conhecerem melhor os principais aspectos de seu trabalho e da crítica social que ele constrói.

Alguns aspectos que os grupos podem abordar são:
- A opção de Banksy por se manter anônimo, e as formas que ele utiliza para se autorrepresentar, por exemplo, usando máscaras ou cobrindo o rosto – como pudemos ver nas Figuras 4.5 e 4.6. Também as suas assinaturas características, como o seu nome grafitado (visível na abertura de *Os Simpsons* em que Banksy aparece) e o rato, que caracterizam sua produção.
- A ligação deste anonimato com a própria característica ilícita ou *underground* do grafite. Os pichadores se diferenciam dos artistas de rua, mas até certo ponto. Grandes cidades hoje em dia delimitam lugares onde é permitido grafitar. Mas Banksy, por vezes, cria as suas obras em lugares que não são permitidos, infringindo a lei.
- A relação entre esta sua forma de expressão e a crítica social que suas obras fazem. Banksy optou por uma forma de expressão, a *street art*, que, ao mesmo tempo em que pode por vezes ser ilícita, também é feita na rua, nos muros, aberta para quem quiser ver. Ele se coloca como um *outsider*, já que pretende estar fora da lei, e fora do circuito mercantil da arte. Nesse sentido, há muitas vezes um questionamento da ordem e do poder em suas obras, por exemplo, a representação de guardas e policiais fazendo coisas que poderiam ser consideradas impróprias, por exemplo, urinando na rua (Figura 4.3).
- O ativismo ecológico, por exemplo, com a obra em que a paisagem do quadro de Monet é invadida por lixo contemporâneo (Figura 4.7); e o ativismo político, como a questão muito atual da crise migratória e a chegada de refugiados na Europa, e a questão da Palestina, que está exemplificada nas obras que ele pintou no muro construído por Israel (Figuras 4.1 e 4.2).

Depois desta curta pesquisa, que deve ajudar a contextualizar e conceituar melhor o debate em relação à *street art* como é praticada por Banksy, os grupos podem escolher uma única obra do artista, que faça referência, ou traga reapropriações, de outras imagens culturalmente compartilhadas e facilmente reconhecíveis.

Neste capítulo, já discutimos obras de Banksy que trazem reapropriações ou referências a imagens famosas de nossa cultura, por exemplo quando falamos das intervenções que ele faz em pinturas famosas da história da arte, como as Figuras 4.6 e 4.7. Na Figura 4.7, ele toma a paisagem característica da obra de Monet e insere carrinhos de supermercado e um cone de sinalização. Outro exemplo seria a Figura 4.8, em que Banksy utiliza a menina ferida por napalm, retirada da fotografia de Nick Ut feita durante a Guerra do Vietnã, e a coloca de mãos dadas com Mickey Mouse e Ronald McDonald.

Os estudantes podem então aprofundar a análise da imagem que escolheram:

- Buscar a imagem ou as imagens às quais a obra faz referência, sua história, seu autor, sobre o que fala.
- Fazer uma análise sobre que modificações Banksy fez na obra original, o que ele retirou ou acrescentou, e qual o efeito destas modificações. Há alguma intenção de crítica nestas mudanças realizadas?

Uma possibilidade de análise seria a da obra da próxima página, a Figura 4.9.

Nesta obra, Banksy utiliza a imagem de uma jovem de roupas desgastadas, em frente a uma bandeira também rasgada da França. Trata-se da imagem promocional do musical *Les Misérables*, que correu o mundo juntamente com este espetáculo, o CD e o filme da história. A história é baseada no livro clássico de Victor Hugo, considerada uma das maiores obras literárias do século XIX, que tem por tema a justiça. Banksy utilizou a imagem desta jovem com muitas lágrimas e envolta em gás lacrimogênio, com a contemporânea bomba deitada no chão.

Figura 4.9. Obra de Banksy em Londres, já destruída. Fonte: Banksy. <http://banksy.co.uk/out.asp>.

Esta obra apareceu em frente à embaixada da França, em Londres, no fim de janeiro de 2016, logo depois da divulgação de denúncias sobre o uso de gás lacrimogênio no campo de refugiados de Calais, na França. Fazendo uso de uma imagem que remete ao orgulho histórico, cultural e civilizatório francês, e colocando-a na situação anacrônica de um ataque de gás lacrimogênio, Banksy chama a atenção para a condição dos refugiados na Europa.

Para fixar melhor a questão das *imagens entre imagens* que trabalhamos aqui, propomos um desdobramento desta atividade. Os mesmos grupos que fizeram a pesquisa sobre Banksy, e que se aprofundaram em uma de suas obras, podem buscam outras imagens quaisquer que conversem com a obra escolhida de Banksy, imagens que dialoguem com a mensagem que ele buscou passar ou com os elementos dos quais ele se apropriou para fazer a sua obra, montando uma narrativa visual a ser apresentada para o restante da sala.

No caso da imagem comentada acima, a narrativa visual pode trazer outras imagens, fotografias da imprensa, desenhos, pinturas, relativas à crise migratória atual ou a outros momentos na história em que ocorreram migrações em massa. Pode ainda recuperar outros elementos da história do livro de Victor Hugo que digam respeito à justiça, à perseguição injusta, às injustiças sociais, e que estejam representadas em fotografias, pinturas etc.

3. O curta *Malária* e os estudantes entre *imagens entre imagens*

Nesta atividade buscamos incitar o estudante a refletir acerca da sua posição no campo da cultura audiovisual, o qual cada vez mais se alastra pelo real e no vivido, parecendo sem fim ou sem limite.

O jovem estudante de Midialogia Thiago Zygband, quando calouro, escreveu a respeito de *Malária* (disponível em: <http://vimeo.com/56433514>), um curta feito por Edson Oda (Figuras 4.10 a 4.13). Ele comentou, depois de assistir atentamente ao vídeo:

> A primeira coisa que chama a atenção no curta-metragem é a forma com que é construído. O espectador vê, literalmente, um par de mãos que manipulam diversas imagens desenhadas, que criam um sentido para aquilo; assim, somos testemunhas da montagem. Além da manipulação, eventualmente as mãos interferem diretamente nas imagens, como quando desenham ou colocam fogo nelas, por exemplo: é a clara intervenção do diretor.
> Além disso, utiliza-se de dois clichês para construir a história: o faroeste e a estética de HQ, mas que inovam na forma como o filme é construído. O diretor é um duplo da própria morte, decidindo o destino das personagens a seu bel-prazer, pois é onipresente e onisciente.
> Assim, "Malária" acaba por contar duas histórias: a de Fabiano Carreiro, personagem principal da trama, e a da montagem da história de Fabiano Carreiro.

Ao mostrar o texto do estudante Thiago Zygband, o professor pode ressaltar que sua análise contempla uma apreciação do filme como um

Figuras 4.10 a 4.13. Fotogramas do curta *Malária*, de Edson Oda. Fonte: Edson Oda. Página oficial do realizador no site Vimeo. Disponível em: <http://vimeo.com/56433514>. Acesso em: 30 jun. 2016.

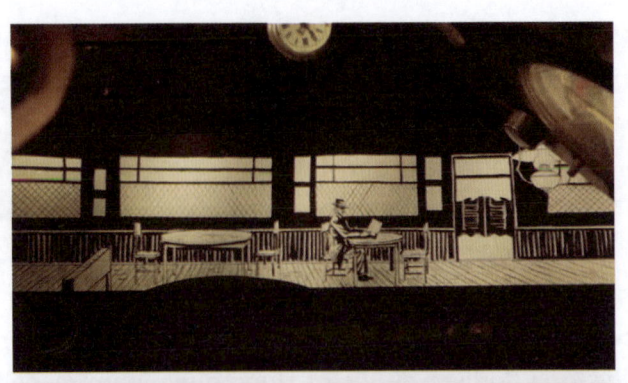

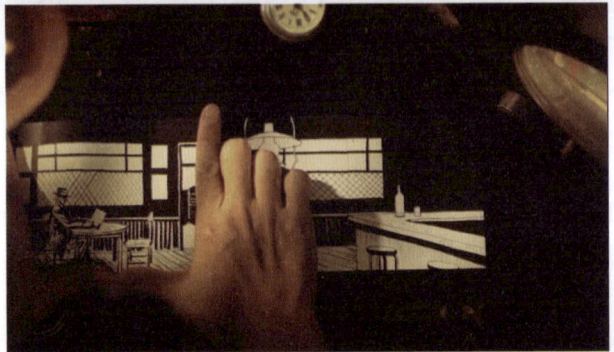

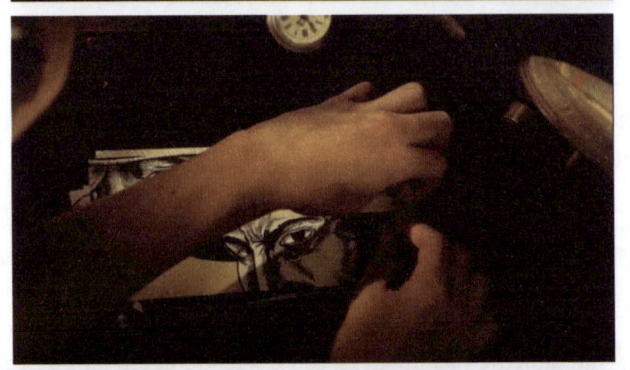

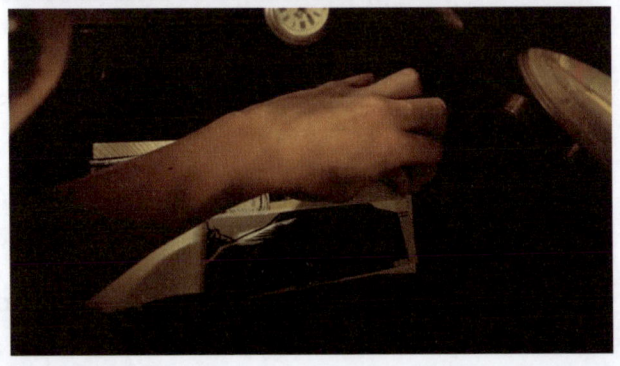

todo. Ela enfatiza metodologicamente a linguagem que molda o filme. Como ele nota, esta linguagem se suporta na linguagem das HQs e também do western, remetendo a um western com feitio atual, no qual podemos encontrar ecos de *Django livre* (2012) ou *Os oito odiados* (2015), ambos filmes dirigidos pelo norte-americano Quentin Tarantino. Esta aproximação é possível, pois *Malária*, assim como estes filmes de Hollywood, trabalham dentro do léxico visual do gênero cinematográfico do *western*, mas o ironizam. Existe então uma relação entre o modo com que Tarantino e o curta *Malária* se apropriam de uma visualidade construída dentro de uma certa tradição cinematográfica, recriando-a e reatualizando-a. De forma análoga à abertura de Banksy para *Os Simpsons*, *Malária* deixa transparecer também a relação e o diálogo entre as imagens que pautam a nossa cultura visual.

Propomos assim pedir aos estudantes que, depois de assistirem à *Malária* e lerem o comentário de Thiago Zygband, escrevam um comentário crítico sobre a abertura de *Os Simpsons* feita com Banksy. Depois, devem trocar seu texto com um colega, ler o que ele escreveu, comentando-o por escrito. Esta atividade pode então ser repetida com o filme *Hugo Cabret* ou ainda com a retomada de *Nós que aqui estamos por vós esperamos*.

Nas obras de Banksy vimos como elementos anacrônicos foram colocados para causar um estranhamento e desestabilizar o observador. O *iPod* na mão do menino Jesus na Figura 4.7 causa um curto-circuito análogo ao que aconteceria se

→ Segundo o *Dicionário Michaelis*:
Gênero é um "assunto ou natureza comum a diversas produções artísticas ou literárias".
Léxico é o conjunto das palavras de que dispõe um idioma.

um ornamento de um retrato das fotografias de *Poses do 19* aparecesse em um *selfie* no Orkut em *Poses do 21*, como vimos no capítulo 1. Da mesma forma, a fotografia da menina vietnamita de Nick Ut só pôde ser retomada por Banksy porque entrou dentro de um sistema visual de imagens documentais facilmente reconhecível, como discutido no capítulo 2. Já as paródias de filmes criadas em *Os Simpsons* e o curta *Malária*, como visto pelo estudante Thiago, se baseiam na ideia de montagem cinematográfica, como aparece de forma central no capítulo 3.

A cultura visual não lida com imagens ou objetos visuais individuais, de forma estanque. Segundo Nicholas Mirzoeff, no livro *The Visual Culture Reader*, a condição formal de nossa cultura visual contemporânea é a de uma intervisualidade, ou seja, a existência e interação simultâneas de vários modos de visualidade (p. 3). O estudo da cultura visual se preocupa então com as práticas de produção, circulação e percepção do visível. Entende assim a visualidade como um meio no qual se conduzem também dispositivos de poder. Podemos então, a partir da ideia de imagens entre imagens, pensar nos modos de reapropriação (se pensarmos no mundo como representação, de Chartier[29]), e na circulação das imagens, se pensarmos em Aby Warburg. Para esse historiador da arte alemão e seu ambicioso projeto de uma história da arte sem palavras, o próprio processo de combinar e recombinar imagens conforme critérios de semelhança e proximidade produziria conhecimento histórico. Nesse sentido, para ele, as imagens seriam verdadeiros veículos corporais do tempo, e assim as relações entre imagens e história fariam da imagem mais uma espécie de diagrama dinâmico do que o seu reflexo iconográfico[30].

Trazer esta discussão para a sala de aula significa se defrontar com as imagens, compará-las, distingui-las. Significa retraçar seus modos de produção e seus modos de consumo e percepção. Pensar imagens

---

29 Chartier, Roger. O mundo como representação. *Revista Estudos Avançados*, v. 11, n. 5, 1991.
30 Didi-Huberman, Georges. *Pueblos expuestos, pueblos figurantes*. Buenos Aires: Manantial, 2014, p. 124.

entre imagens, suas relações, diálogos, distensões e contrapontos nos permite ver que as imagens são mais do que fontes que remetem a coisas ou eventos externos a elas. Elas são também mais do que meios que comunicam ou geram significados por meio de suas formas. Hoje, mais do que nunca, em nossas vidas pautadas pelas simultaneidade e imediatez das imagens, percebemos que as imagens têm também a capacidade de criar realidades.

REFERÊNCIAS

ALENCASTRO, Luiz Felipe de (org.). *História da vida privada no Brasil 2* – Império: a corte e a modernidade nacional. São Paulo: Cia. das Letras, 1997.

AUMONT, Jacques; MARIE, Michel. *Dicionário teórico e crítico de cinema*. Campinas: Papirus, 2003.

BARTHES, Rolan. *A câmara clara*. Rio de Janeiro: Editora Nova Fronteira, 1984.

BENJAMIN, Walter. A obra de arte na era de sua reprodutibilidade técnica. In: *Obras escolhidas. Magia e técnica, arte e política*. São Paulo: Brasiliense, 1996a.

_____. Pequena história da fotografia. In: *Obras escolhidas. Magia e técnica, arte e política*. São Paulo: Brasiliense, 1996b.

BLANCHARD, Pascal. *Exhibitions: l'invention du sauvage*. Paris: Actes Sud, 2011.

CANCLINI, N. G. *Leitores, espectadores e internautas*. São Paulo: Iluminuras, Observatório Itaú Cultural, 2008.

CHARNEY, Leo; SCHWARTZ, Vanessa (orgs.). *O cinema e a invenção da vida moderna*. São Paulo: Cosac Naify, 2010.

CHARTIER, Roger. O mundo como representação. *Revista Estudos Avançados*, v. 11, n. 5, 1991.

DANTAS, Luiz. Postais japoneses. Apresentação. *Revista Studium*, n. 4. Disponível em: <http://www.studium.iar.unicamp.br/quatro/5.htm>.

DUBOIS, Philippe. *O ato fotográfico e outros ensaios*. Campinas: Papirus, 2008.

DIDI-HUBERMAN, Georges. *Pueblos expuestos, pueblos figurantes*. Buenos Aires: Manantial, 2014.

DUQUE, Gonzaga. *Graves & frívolos*: por assunto de arte. Rio de Janeiro: Sette Letras, 1997.

GUNNING, Tom. Cinema e História. In: XAVIER, Ismail (org.). *O cinema no século*. Rio de Janeiro. Imago, 1996a.

_____. Fotografias animadas. Contos do esquecido futuro do cinema. In: XAVIER, Ismail (org.). *O cinema no século*. Rio de Janeiro: Imago, 1996b.

HERBERT, Stephen; MCKERNAN, Luke. *Who's Who of Victorian Cinema*: A Worldwide Survey. London: British Film Institute, 1996.

KINO Video. *The Movies Begin – A Treasury of Early Cinema*, 1894-1913. Film Preservation Associates, British Film Institute. DVD, 5 v., 2002.

KRAKAUER, Siegfried. *O ornamento da massa*. São Paulo: Cosac Naify, 2009.

KOUTSOUKOS, Sandra. *No estúdio do fotógrafo*: um estudo de (auto)representação de negros livres e escravos da segunda metade do século XIX. Disponível em: <http://www.studium.iar.unicamp.br/nove/6.html>.

MENESES, Ulpiano T. Bezerra de. Fontes visuais, cultura visual, História visual. Balanço provisório, propostas cautelares. *Revista Brasileira de História*, São Paulo, v. 23, n. 45, 2003. Disponível em: <http://www.scielo.br/pdf/rbh/v23n45/16519.pdf>.

MIRZOEFF, Nicholas. *The Visual Culture Reader*. London, New York: Routledge, 1998.

MITCHELL, W. J. T. Showing seeing: a critique of visual culture. *Journal of Visual Culture*, v. 1, n. 2, 2002.

MOREL, Marco. Imagens aprisionadas e resistência indígena: os daguerreótipos de 1844. *Revista Studium*, n. 10, 2002. Disponível em: <http://www.studium.iar.unicamp.br/10/7.html>.

NADAL, João Henrique Duarte. Uma breve arqueologia das técnicas de animacão pré-cinematográfica a partir do século XIX: reflexões sobre a representacão em ciclos. *Revista Tuiuti*: Ciência e Cultura, n. 48, p. 161-77, 2014. Disponível em: <http://www.utp.br/tuiuticienciaecultura/ciclo_4/tcc_48_hist_da_ccao/pdf_48/art_11.pdf>.

PANOFSKY, Erwin. *Significado nas artes visuais*. São Paulo: Perspectiva, 1976.

RIO, João do. *Cinematógrafo* (crônicas cariocas). Rio de Janeiro: ABL, 2009.

SELZNICK, Brian. *A invenção de Hugo Cabret*. São Paulo: SM, 2007.

WEST, Nancy Martha. *Kodak and the lens of nostalgia*. Charlottesville and London: University Press of Virginia, 2000.

COLEÇÃO TRABALHANDO COM ...
NA ESCOLA

A Coleção *Trabalhando com... na escola* tem como principal objetivo fornecer um material diversificado, atualizado e inovador para os professores do Ensino Fundamental e Médio.

Iniciando-se com objetos de ensino de Língua Portuguesa, cada volume da coleção tem o objetivo de trabalhar com **temas, práticas e/ou objetos de ensino**, oferecendo sugestões metodológicas sobre como trabalhar com eles em sala de aula. As sugestões metodológicas devem ser suficientemente exemplificadoras para que o professor tenha acesso a uma proposta de trabalho que não se restrinja a apenas uma série e para que seja possível mostrar a complexidade inerente de cada tema/prática/objeto de ensino selecionado.

As **sugestões metodológicas** produzidas em cada volume constituem o "coração" da coleção, mas seus volumes também apresentam teorias e/ou conceitos de forma econômica e clara, com o objetivo de ilustrar como o trabalho prático na sala de aula não prescinde de conhecimento téorico e como o conhecimento teórico pode (e deve) iluminar e fomentar práticas didáticas concretas e cotidianas relativas às reflexões sobre a linguagem.

Outra característica da coleção é o pressuposto, que deve guiar todos os volumes, de que **o trabalho de construção do con-**

hecimento sobre determinado tema/prática/objeto de ensino não pode prescindir de um trabalho com/sobre a linguagem. Nesse sentido, um ponto fundamental da coleção é a centralidade do trabalho com/sobre a linguagem no processo de formação de professores de todas as áreas.

O público-alvo dessa coleção são principalmente pedagogos, professores de língua portuguesa e de literatura, mas também todos os educadores e professores de outras áreas que reconhecem a importância de materiais que relacionem teoria e prática de modo significativo e que necessitem desenvolver nos alunos variadas competências e habilidades nos diferentes tempos e espaços de seu percurso de letramento nos diferentes níveis de ensino. Assim, pressupõe-se que os educadores de todas as áreas encontrem nos volumes da coleção:

a) Uma compreensão mais prática dos pressupostos teóricos presentes nos documentos oficiais que resultam das políticas públicas de ensino elaboradas pelo MEC e pelas Secretarias de Educação, nos níveis estadual e municipal;

b) Propostas e sugestões metodológicas elaboradas por especialistas em determinados temas e/ou objetos de estudo.

Acreditamos que a Coleção *Trabalhando com... na escola* está desenhada de forma a contribuir concretamente tanto para a contínua formação dos professores como para o estabelecimento de um diálogo mais próximo entre os saberes dos professores das universidades e os saberes dos professores de Ensino Fundamental e Médio das escolas brasileiras.

Anna Christina Bentes
Sandoval Nonato Gomes-Santos
Coordenadores da Coleção *Trabalhando com ... na escola*

Coleção Trabalhando com... na escola | LEIA TAMBÉM

volume 1
HIPERTEXTO NO COTIDIANO ESCOLAR
Luiz Fernando Gomes

1ª edição (2011) • 120 páginas • ISBN 978-85-249-1834-6

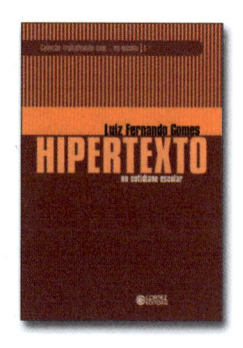

volume 2
GÊNEROS JORNALÍSTICOS
notícias e cartas de leitor no ensino fundamental
Francisco Alves Filho

1ª edição (2011) • 168 páginas • ISBN 978-85-249-1835-3

volume 3
A EXPOSIÇÃO ORAL
nos anos iniciais do ensino fundamental
Sandoval Nonato Gomes-Santos

1ª edição (2012) • 160 páginas • ISBN 978-85-249-1901-5

volume 4
RÁDIO ESCOLAR
uma experiência de letramento midiático
Marcos Baltar

1ª edição (2012) • 168 páginas • ISBN 978-85-249-1898-8

LEIA TAMBÉM | Coleção Trabalhando com... na escola

volume 5
O CORDEL NO COTIDIANO ESCOLAR
Ana Cristina Marinho
Hélder Pinheiro

1ª edição (2012) • 168 páginas • ISBN 978-85-249-1900-8

volume 6
AMBIENTES DIGITAIS
reflexões teóricas e práticas
Denise Bértoli Braga

1ª edição (2013) • 152 páginas • ISBN 978-85-249-2011-0

volume 7
COERÊNCIA, REFERENCIAÇÃO E ENSINO
Mônica Magalhães Cavalcante
Valdinar Custódio Filho
Mariza Angélica Paiva Brito

1ª edição (2014) • 176 páginas • ISBN 978-85-249-2267-1

volume 8
O INTERNETÊS NA ESCOLA
Fabiana Komesu
Luciani Tenani

1ª edição (2015) • 136 páginas • ISBN 978-85-249-2359-3